生活中的辩证法

王孝忠　编著

世界图书出版公司

广州·上海·西安·北京

图书在版编目（ＣＩＰ）数据

生活中的辩证法 / 王孝忠编著 . -- 广州 : 世界图
书出版广东有限公司 , 2025.1重印
ISBN 978-7-5100-8584-0

Ⅰ . ①生… Ⅱ . ①王… Ⅲ . ①辩证法—通俗读物
Ⅳ . ① B015-49

中国版本图书馆 CIP 数据核字 (2014) 第 212116 号

生活中的辩证法

策划编辑：刘　静

责任编辑：梁少玲

封面设计：彭　琳

出版发行：世界图书出版广东有限公司

地　　址：广州市新港西路大江冲 25 号

电　　话：020-84459702

印　　刷：悦读天下（山东）印务有限公司

规　　格：787mm×1092mm　1/16

印　　张：14.5

字　　数：100 千字

版　　次：2014 年 9 月第 1 版　2025 年 1 月第 4 次印刷

ISBN　978-7-5100-8584-0/B · 0100

定　　价：78.00 元

目　录

第一辑

2012 年 4 月 13 日

最近，我和一些朋友闲聊，在聊谈中受到不少的启迪和教益。

启迪和教益最多的还是生活中的辩证法。现大体整理几条：

酒，少喝开胃，多喝易醉；

烟，少抽解闷，多抽伤肺；

茶，少喝火退，多喝难睡；

话，少说为美，多说遭罪；

事，只做不说，多做少说；

情，少尝有益，多尝心碎；

缘，少结珍惜，多结无果。

自古人生最忌满，半贫半富半自安；

半命半天半机遇，半取半舍半行善；

半聋半哑半糊涂，半智半愚半圣贤；

半人半我半自在，半醒半醉半神仙；

半恨半爱半苦乐，半俗半禅半随缘；

人生一半在自我，另外一半听自然。

低调的人，举千钧若扛一羽，拥万物若携微毫，怀天下若捧一奇，思无邪，意无狂，行无躁，眉波不涌，吐纳恒常。

低调的人，一辈子像喝茶，水是沸的，心是静的，一几一壶一幽居，浅斟慢品，视世尘浮华如水雾，缭绕飘散。

低调的人，懂得轻财足以聚人，律己足以服人，量宽足以得人，身先足以率人。

低调的人奉行：知足是富人，平常是高人，无欲是仙人，无邪是圣人。

肆

深夜听得三更鼓，翻身已是五更中；

晓看春风杨柳岸，暮观秋色夕阳红；

一念之差留遗恨，人间猛虎变爬虫；

大藏经中空是色，般若经中色是空；

人生之路太匆匆，是非成败把握中。

伍

悲观的人在山下看世界，看的是幽冥小径；乐观的人在山腰看世界，看的是柳暗花明；达观的人在山顶看世界，看的是地阔天空。

第二辑

2012 年 4 月 20 日

前几天，本人辑录了一组生活中的辩证法，不少朋友和网友感兴趣，今天再辑一组。

1. 人生如天气，可以预料，但也经常出乎意料；

2. 金钱就像水，缺了它会渴死，贪图它会淹死；

3. 林中有两条路，你永远只能走一条，怀念着另一条；

4. 汽车的挡风玻璃是如此之大，而反光镜却如此之小，因为过去没未来那么重要，要向前看，要向前进；

5. 倚富者贫，倚贵者贱，倚强者弱，倚巧者拙。

小财是财富，大财是包袱，再大是糊涂；

小色有趣味，大色是疲惫，再色是崩溃；

无名得安宁，有名心不静，出名负担重；

小吃补营养，大吃损健康，再吃卧病床；

小睡去疲倦，大睡费时间，再睡人完蛋。

对自己，自珍但不自恋；

对别人，要求但不苛求；

对感情，深情但不矫情；

对生活，感悟但不感叹；

对成熟，渴望但不奢望；

对家庭，眷恋但不迷恋；

对金钱，希图但不企图；

对财富，分享但不独享；

对理想，追求但不追悔。

肆

世事如棋局，不迷离才是高手；

人生如瓦房，砸破了方见碧空；

为官如履冰，不走稳终会跌倒；

从政如奏琴，艺高者自显和谐；

名利如梦幻，清醒时觅得慧根。

伍

人生四苦

一苦看不透：看不透人际中的纠结、争斗后的隐伤；看不透喧嚣中的平静、繁华后的宁静。

二苦舍不得：舍不得曾经的精彩、岁月的飞逝；舍不得居高时的虚荣、得意处的掌声。

三苦输不起：输不起一段情感之失，输不起一截人生之败。

四苦放不下：放不下已经走远的人事，放不下早已尘封的是非。

人生需要微笑

人生如画，有了微笑，画卷便添了亮丽的色彩；

人生如酒，有了微笑，美酒便飘着诱人的醇香；

人生如歌，有了微笑，歌声便多了动人的旋律；

人生如书，有了微笑，书籍便有了睿智的闪光。

人生需要快乐

快乐是春天的花儿芬芳；

快乐是夏天的碧波荡漾；

快乐是秋天的硕果飘香；

快乐是冬天的白雪飞扬。

捌

人生难得

1. 洋溢在脸上的自信；

2. 融化在血液的骨气；

3. 打造进灵魂的理念；

4. 蕴藏在心中的梦想；

5. 充盈在大脑的智慧；

6. 深爱着你的家人；

7. 常惦记你的朋友；

8. 敢指正你的同志。

第三辑

2012 年 4 月 22 日

　　事物因为联系，作为系统而存在；事物因为发展，作为过程而存在；事物因为矛盾，作为比较而存在。这就是唯物辩证法。生活中充满了辩证法，处处存在，时时都有，人人具备。所以，我又辑录一组生活中的辩证法。

壹

　　佛为心、道为骨、儒为表，大度看世界；技在手、能在身、思在脑，从容过生活。三千年读史，不外功名利禄；九万里悟道，终归诗酒田园。

贰

睿智的人，看得透，故不争；

豁达的人，想得开，故不斗；

厚德的人，重谦和，故不躁；

明理的人，放得下，故不痴；

自信的人，肯努力，故不误；

重义的人，交天下，故不孤；

浓情的人，淡名利，故不独；

宁静的人，行深远，故不折；

知足的人，常快乐，故不老。

叁

倚富欺贫之人，不可近他；

口是心非之人，不可结他；

时运未来之人，不可贱他；

不知高低之人，不可理他；

反复无情之人，不可交他；

饮酒不正之人，不可宴他；

撒刁蛮泼之人，不可惹他；

来路不明之人，不可留他；

说长道短之人，不可敬他；

年高有德之人，不可慢他；

读书明理之人，不可轻他；

忠厚老实之人，不可哄他；

耳聋眼瞎之人，不可戏他；

鳏寡孤独之人，不可欺他。

肆

1. 世界上没有快乐的地方，只会有快乐的人；

2. 幸福是一种感觉，与贫富无关；

3. 眼内有尘三界窄，心底无私一床宽；

4. 知足是真正的富有，苛求是真正的贫穷；

5. 任何解决不了的问题，时间都能把它化解；

6. 一个微笑易如反掌可使人如沐春风，一句良言不费分文可使人一生受益；

7. 生活之累百分之三十源于生存，百分之七十源于攀比；

8. 时间像一张网，撒在哪里收获就在哪里；

9. 平安贵为福中福，和气能使财生财。

伍

存心不善，风水无益；

父母不孝，奉神无益；

兄弟不和，交友无益；

行止不端，读书无益；

做事乖张，聪明无益；

心高气傲，博学无益；

妄取人财，布施无益；

不惜元气，医药无益；

淫恶肆欲，做人无益。

可以缺钱，但不能缺德；

可以失言，但不能失信；

可以求名，但不能盗名；

可以低落，但不能堕落；

可以放松，但不能放纵；

可以平凡，但不能平庸；

可以浪漫，但不能浪荡；

可以生气，但不能生事。

柒

权力是人民的，别争；

人格是高贵的，别贱；

感情是纯洁的，别污；

老婆是自己的，别厌；

美女是别人的，别恋；

欲望是无穷的，别贪；

困难是暂时的，别怕；

生活是丰富的，别烦。

捌

人见多了，方知缘分可贵；

事做多了，方知学习可贵；

挫折多了，方知心态可贵；

成功多了，方知勇气可贵；

矛盾多了，方知胸怀可贵；

委屈多了，方知修炼可贵；

恭维多了，方知真诚可贵；

名利多了，方知淡定可贵；

应酬多了，方知宁静可贵；

岁数多了，方知年轻可贵。

人生最大的痛苦是"想得到"和"怕失去"；

人生最大的践行是"管住嘴"和"迈开腿"；

人生最大的见地是"没什么"和"算了吧"；

人生最大的彻悟是"怎么来"和"怎么去"；

人生最大的幸福是"身正安"和"心亦宽"。

第四辑

2012 年 4 月 25 日

一副对联

上联：事因知足心常乐；

下联：人到无求品自高；

横批：坦荡人生。

贰

两个真谛

少管闲事威信高；

多喝茶水身体好。

叁

牢记几个三

三大遗憾：不会选择、不坚持选择、不断地选择；

三不斗：不与君子斗名，不与小人斗利，不与自然斗巧；

三修炼：看得透想得开，拿得起放得下，立得正行得稳；

三大陷阱：大意、轻信、贪婪；

三大悲哀：遇良师不学，遇良友不交，遇良机不握。

肆

四种长远关系

一杯清茶叙叙旧；

一壶老酒解千愁；

一腔热血排万难；

一条短信常问候。

五则修心之道

读经典则根底厚；

看史鉴则议论伟；

阅诗词则意气豪；

练书画则胸怀净；

上网络则眼界宽。

六个一半一半

人生：一半是现实，一半是梦想；

爱情：一半是激情，一半是执着；

婚姻：一半是浪漫，一半是忠诚；

家庭：一半是依恋，一半是责任；

女人：一半是天使，一半是妖精；

朋友：一半是牵挂，一半是提醒。

人生七然

凡事顺其自然；

应变处之泰然；

得意之时淡然；

失意之时坦然；

艰辛曲折安然；

快活自在悠然；

一切顺利当然。

人生八味良药

放松完美，多一份轻松；

面对现实，多一份自在；

欣赏自己，多一份自信；

做好选择，多一份宽心；

寻找快乐，多一份追求；

善待他人，多一份爱心；

相信成功，多一份欣喜；

不畏失败，多一份从容。

玖

人生九心

以美好的心欣赏周围的事物；

以真诚的心对待每一个人；

以负责的心做好分内的事；

以谦虚的心检讨自己的错误；

以不变的心坚持正确的理念；

以宽阔的心包容对不起你的人；

以感恩的心铭记养育支持帮助你的人；

以平常的心接受已发生的事实；

以放下的心面对最难的割舍。

拾

人生十淡

淡名：有则珍惜无不强求；

淡利：钱财乃身外之物；

淡誉：公道自在人心；

淡辱：荣辱常与共；

淡得：得之不喜，失之不忧；

淡失：塞翁失马焉知祸福；

淡饮：嗜酒伤身误事；

淡食：食之过饱乃百病之源；

淡友：君子之交淡如水；

淡定：心态决定并改变命运。

拾 壹

十一条哲理

一苦一乐谓人生；

一阴一阳谓大道；

一疑一信谓学问；

一谦一傲谓为人；

一舍一得谓境界；

一容一袒谓胸襟；

一简一繁谓处事；

一清一浊谓观景；

一静一动谓修炼；

一进一退谓心态；

一沉一浮谓沧桑。

十二种"人与人"

热闹不过人看人；

着急不过人等人；

难受不过人想人；

温暖不过人帮人；

感动不过人疼人；

残酷不过人害人；

阴险不过人算人；

郁闷不过人气人；

耻辱不过人戏人；

为难不过人求人；

生气不过人比人；

人生不过人与人。

第五辑

2012 年 5 月 16 日

不烦歌

已经入中年，人人都说烦；

上边有长辈，下边儿女缠；

出则忙事业，入则想三餐；

冒尖遭人妒，窝囊被人嫌；

权大噩梦多，无权办事难；

钱多畏盗贼，钱少受贫寒；

坎坷人生路，何时走得完；

难事各不同，越多心越烦；

烦得双鬓白，烦得皱纹添；

烦得心气躁，烦得夜不眠；

今日血压高，明日心律乱；

烦多伤身体，无端蚀本钱；

人生几多时，难过一百年；

烦事天天有，贵在心放宽；

胸宽少愁烦，心平自悠然；

利他情绪好，行善欢乐添；

世间所有事，转眼变云烟；

与其烦着过，不如顺自然。

神仙谣

高楼小屋都御寒，大也安然，小也安然；

衣着得体贵自然，丝也可穿，布也可穿；

粗茶淡饭日三餐，荤也香甜，素也香甜；

黎明起早奔公园，跑也是练，走也是练；

读书看报不间断，体也不闲，脑也不闲；

三五知己常聊天，今也谈谈，古也谈谈；

书法绘画学摄影，精也是玩，粗也是玩；

远游近走好参观，动也喜欢，静也喜欢；

不戴乌纱不争官，说也随便，玩也随便；

陈年往事已如烟，恩也不谈，怨也不谈；

胸怀大度天地宽，名也看淡，利也看淡；

无忧无虑度人生，不是神仙，胜似神仙。

静思八句

不能改变环境，可以改变自己；

不能改变事实，可以调整视角；

不能改变过去，可以努力现在；

不能预测明天，可以把握今天；

不能样样顺利，可以事事尽心；

不能决定天气，可以左右心情；

不能选择容貌，可以展示笑容；

不能改变性别，可以改变性格。

体会七条

最快的脚步不是跨越，而是继续；

最慢的步伐不是缓慢，而是徘徊；

最好的道路不是大道，而是小心；

最险的道路不是陡坡，而是陷阱；

最大的幸福不是得到，而是拥有；

最好的财富不是金钱，而是健康；

最棒的祝福不是将来，而是现在。

心语六则

容易走的都是下坡路。

自由不是想干什么就干什么，而是想不干什么就不干什么。

命乃失败者的借口，运乃成功者的谦辞。

打动人心的最佳方式是谈他最珍爱的东西。

品格不由你占有的东西决定，而是由你匮乏的东西决定。

郁闷时，原谅别人，也放过自己。

七个最美的笑容

被人误解的时候能微微一笑：素养。

受委屈的时候能坦然一笑：大度。

吃亏的时候能开心一笑：豁达。

无奈的时候能达观一笑：境界。

危难的时候能泰然一笑：大气。

被轻蔑的时候能平静一笑：自信。

失恋的时候能轻轻一笑：洒脱。

柒

知己至交

没有约定却有默契；

没有表白却有灵犀；

没有解释却有寓意；

没有意外却有惊喜；

没有亲情却有情义；

没有相伴却有相依；

没有冲动却有涟漪；

没有所求却有给予；

没有结党却有结义；

没有往来却有惦记。

第六辑

2012 年 6 月 12 日

1. 世界上有三样东西是别人抢不走的：吃进胃里的食物；藏在心中的梦想；读进大脑的知识。

2. 马在松软的土地上易失蹄，人在甜言蜜语中易摔跤。

3. 世界上没有悲剧和喜剧之分，如果你从悲剧中走出来就是喜剧，如果你沉湎于喜剧之中，喜剧就会演成悲剧。

4. 如果不读书行万里路，也不过是一个邮差。

5. 所谓运气是机会碰到了你的努力。

6. 如果你是一只柠檬，就不该老是盯着西瓜的甜。

1. 仇的不是富，是不仁；

2. 恨的不是官，是贪腐；

3. 愤的不是穷，是不公；

4. 怒的不是房，是奸商；

5. 怕的不是警，是枉法；

6. 愁的不是钱，是通胀。

1. 钱财多的回家少；

2. 姿色多的穿衣少；

3. 成事多的长命少；

4. 读书多的心眼少；

5. 心眼多的安宁少；

6. 朋友多的困难少；

7. 段子多的郁闷少；

8. 笑声多的疾病少。

真情义：贵时不浓，贱时不淡。

真诚信：富时不重，贫时不轻。

真厚道：顺时不骄，逆时不妄。

真正直：升时不狂，降时不丧。

真涵养：面上不急，心上不缓。

真善良：予时不限，取时不忍。

真幸福：节日不大，平日不小。

真祝福：言语不多，意味不短。

1. 别总是在压力下工作，累坏了自己，特傻；

2. 别忘了健康是一切，没有身体，无法享受人生所有的乐趣，特亏；

3. 别将名利看得过重，浮华过后最终都是过眼烟云，特真；

4. 别以为能救命的是医生，其实是你自己，养生重于救治，特对；

5. 别以为付出就有回报，凡事只有不计回报，才能终有好报，特灵；

6. 别忽视了和你有缘的人，等繁华过后你才明白知音难觅，特悔；

7. 别以为问候总是打扰，发短信给你，是心里有你，特实。

1. "无事以当贵"：告诉人们随遇而安，不要过分在意荣辱得失；

2. "早寝以当富"：告诉人们早睡早起比获得任何财富都珍贵；

3. "安步以当车"：告诉人们不要追求安逸，能走路就不坐车，生命在于运动；

4. "饥食以当肉"：告诉人们饥饿时什么东西都好吃，要珍惜盘中餐。

柒

不去不去又去了，去了去了又喝了，

喝了喝了又多了，多了多了躺倒了，

躺着躺着回家了，回家回家挨骂了，

骂着骂着睡着了，睡着睡着渴醒了，

醒了醒了头痛了，痛着痛着后悔了，

后悔发誓不喝了，到了晚上又去了……

捌

写男要七笔，写女仅三笔，七加三就是十全十美。于是，男人拿走七分权利，女人仅享三分。体力上男人是七，女人是三；但耐力上女人是七，男人是三。所以，面对情敌，男人短兵相接，女人明争暗斗。男人聊天，七分谈理想，三分谈女人；女人则七分谈男人，三分谈理想。于是，男人征服世界赢得女人，女人征服男人赢得世界。男人的誓言，七分是假，三分是真。于是，男人不坏，女人不爱。女人的外貌，三分长相，七分打扮，于是，男人胆大去经商，女人胆大不化妆。男人不喜欢七分精明的女人，就像女人不喜欢七分老实的男人。男人的一生，七分时间用来思考，三分用来表达，女人则相反。于是，有些话男人想想就不说了，女人不想就说了。

第七辑

2012 年 6 月 26 日

人生二十贵

人品以正直为贵，

心地以善良为贵，

修德以布施为贵，

行善以孝顺为贵，

情感以真挚为贵，

性格以坚韧为贵，

待人以诚恳为贵，

处事以谦让为贵，

学问以通达为贵，

技艺以专精为贵，

言语以简明为贵，

行动以稳健为贵，

富裕以质朴为贵，

贫穷以志节为贵，

服饰以得体为贵，

饮食以素淡为贵，

治家以勤俭为贵，

做人以诚信为贵，

做事以尽心为贵，

养身以寡欲为贵。

贰

养心六法

1. 静心。静能生慧，智者无忧，计较是疼，比较是痛，淡然是福。

2. 定心。不以物喜，不以己悲。

3. 安心。尽人事而顺天意，随遇而安即得幸福。

4. 正心。心术不正损人害己，意志不坚诸事难成。

5. 宽心。心有多大，舞台就有多大。

6. 平心。淡泊以明志，宁静以致远。

叁

现代社会八类隐士

1. 心隐，居于繁华，心静如山；

2. 身隐，不在其位，不谋其政；

3. 智隐，智为识者用；

4. 位隐，虽有影响力，却不谋其位；

5. 名隐，抛却名分，却不时有三顾茅庐者；

6. 权隐，不谋高位，不谋私利；

7. 财隐，不浪费一粒米，不乱花一分钱；

8. 情隐，阅享人生，心悦满足。

用好三面镜子

1. 用好望远镜，坚定理想信念，把握人生方向，不为外物所扰，不为诱惑所困，不为艰险所阻。

2. 用好放大镜，多看别人的优点和长处，善于从别人的成功做法中吸取养分，他山之石，我之瑰宝。

3. 用好显微镜，细察不足，自我完善，不放过一个小错误，不忽视一个小问题。

长生不老十三秘方

天天上班当假期，

平常日子当除夕，

租房陋室当巴黎，

脸上皱褶当嫩皮，

四十五十当十七，

平凡老公当老毕，

拙荆妻子当小蜜，

单位同事当知己，

竞争对手当亲戚，

批评贬损当好意，

失败挫折当良机，

平民百姓当上帝，

自己当好郭明义。

陆

夏季养生八清

思想宜清静，

大脑宜清醒，

饮食宜清淡，

居室宜清凉，

心气宜清平，

身体宜清爽，

体虚宜清补，

游乐宜清幽。

第八辑

2012 年 7 月 5 日

人生能字谣

能赢能输能欣然；

能上能下能淡然；

能进能退能泰然；

能忍能容能素然；

能喜能悲能隐然；

能动能静能自然；

能取能舍能洞然；

能放能收能坦然；

能屈能伸能陶然；

能近能远能肃然；

能刚能柔能澄然；

能闲能静能飘然；

能成能败能萧然；

能生能活能天然。

人生处字诀

从大处着眼，

从小处着手；

从要处着力，

从乱处开刀；

从好处着墨，

从坏处着想；

从闲处着棋，

从忙处着落；

从虚处着笔，

从实处着脚；

从深处着意，

从远处着思。

人生二字诀

聪明二字，不可自诩；

慷慨二字，不可望人；

为官二字，不可入迷；

名利二字，不可刻意；

担当二字，不可旁顾；

处事二字，不可矫情；

本分二字，不可权宜；

放下二字，不可空讲；

厚道二字，不可御敌。

人生十大累

太看重位子累；

总想着票子累；

倒腾着房子累；

总划着圈子累；

老望着裙子累；

假充着君子累；

放不下架子累；

撕不开面子累；

只顾着孩子累；

常想着孙子累。

高人为人

静坐常思自己过，

闲谈莫论他人非；

能受苦乃为志士，

肯吃亏不是痴人；

敬君子方显有德，

怕小人不算无能；

退一步天高地阔，

让三分心平气和；

如得意不宜重往，

凡做事应有余步；

持黄金虽为珍贵，

知安乐方值千金；

事临头稳重为妙，

怒上心忍让最高。

高人为先

临深履薄，以敬惧为先；

举要治繁，以大局为先；

知难而进，以担当为先；

待人接物，以实在为先；

见微知萌，以远虑为先；

退身守拙，以忍辱为先；

深藏苦屋，以底蕴为先；

讲信修睦，以厚纯为先；

闹市学道，以清心为先；

读书究理，以处世为先。

高人论衣

妻子如布衣，就算不合意，生活之必需；

情人如睡衣，就算很华丽，不便穿出去；

亲人如棉衣，就算捂出汗，温暖罩着你；

同事如戏衣，就算再合体，下台要脱去；

朋友如雨衣，就算常闲置，用时能遮雨；

短信如内衣，就算不太雅，贴身有情意。

捌

高人笑对人生

生活就像一场戏，

既有乐来又有气；

不能事事都顺利，

总要遇些不如意；

乐事来了要珍惜，

悲伤降临勿哭泣；

知足常乐会排解，

开心快乐永伴你。

第九辑

2012 年 7 月 20 日

成熟定律

1. 果实的成熟不是颜色美丽，而是味道甘甜；

2. 孩子的成熟不是年龄增长，而是独立克制；

3. 女人的成熟不是身为人母，而是温良贤淑；

4. 男人的成熟不是圆融处世，而是善于担当；

5. 性格的成熟不是心平气和，而是能屈能伸；

6. 人生的成熟不是无欲无求，而是惜福造福；

7. 政治的成熟不是斗争胜利，而是妥协双赢；

8. 朋友的成熟不是互助友谊，而是分享分忧。

励志四条

1. 生活中其实没有绝境，绝境在于你自己的心没有打开；

2. 人生最重要的价值是心灵的幸福，而不是任何身外之物；

3. 运气不可能持续一辈子，能帮助你持续一辈子的只有你个人的意志和能力；

4. 哪怕是没有希望的事情，只要坚持去做，到最后就会拥有希望。

大大小小

1. 大智者必谦和，大善者必宽容；小智者咄咄逼人，小善者斤斤计较。

2. 大气者不讲排场，小气者讲大排场。

3. 大才朴实无华；小才华而不实。

4. 大成者谦虚平和，小成者不可一世。

5. 真正高贵的人，面对强者不卑不亢，面对弱者平等视之。

正风歌

家中不听枕头风；

外出不搞玩乐风；

任人不搞裙带风；

办案不允说情风；

身正不理诬告风；

办公不怕吹冷风；

有才不管嫉妒风；

成绩不准浮夸风；

说话不兴虚假风；

办事不容拖拉风；

对上不追谄媚风；

对下不要耍威风；

公款不许吃喝风；

学习不刮一阵风；

批评不当耳边风；

挺起腰杆顶歪风；

理直气壮正党风。

伍

某些人生

某些人生好比乘坐北京地铁一号：途经国贸，羡慕繁华；途经天安门，幻想权力；途经金融街，梦想发财；途经公主坟，遥想华丽家族；途经玉泉路，依然雄心勃勃……这时有个声音飘然入耳：乘客您好，八宝山快到了！某人顿时醒悟：人生苦短，总会到站，要珍惜每一天，要过好每一天。

陆

赤贫与巨富相同

1. 身上都不带钱；

2. 都不用手机；

3. 都不开小车；

4. 都不上微博；

5. 都按气候迁徙；

6. 晚上都很少回家；

7. 都有很多闲暇时间；

8. 都不做自己不喜欢的事；

9. 都不在乎别人说什么；

10. 都不逛商场。

结论：人生不在于钱财，原来＝穷和富到了极致都是一样的。

第十辑

2012 年 8 月 3 日

哲理

1. 一个民族如果把浪费当面子，这个民族在地球上将越来越没有面子；

2. 对亲人最大的爱是看好自己，别惹事；

3. 老虎没有虎性就不吃人了，人没有人性就吃人了；

4. 有文凭的傻子比没文凭的傻子多；

5. 真正的快乐都是免费的。

名言

1. 胸怀是委屈撑出来的；

2. 烦恼是自己想出来的；

3. 痛苦是与别人比出来的；

4. 疾病是不良习惯造出来的；

5. 心态是经历炼出来的；

6. 快乐是知足养出来的；

7. 健康是步行走出来的。

悟道

1. 当你伸出食指去指责别人的时候，请别忘记：其他四指正指向自己。

2. 既然多数人都同意生活是一本书，那么书里出现几个错别字就没有什么大惊小怪的了。

3. 自由意味着可以选择：或者活得有意义，或者死得有尊严。

4. 人生哪有死结，想通了都不过是饥来餐，倦来眠。

5. 社交之所以累，是因为每个人都试图表现出自己其实并不具备的品质。

6. 善虽小，却足可以点亮一盏灯。

7. 与其晚失败，不如早失败；与其早成功，不如晚成功。

8. 做人先要学会听话，再学会讲话。

9. 要请别人帮忙就要站在对方的立场来考虑问题。

10. 下水道是一个城市的良心。

心态

1. 要无条件自信，即使在失败的时候；

2. 不要想得太多，定时清除消极思想；

3. 学会忘记痛苦，为阳光记忆腾出空间；

4. 敢于尝试，不怕丢脸；

5. 每天都是新的，烦恼痛苦不过夜；

6. 面对别人优秀时，发自内心赞美；

7. 做人不是一味低调，也不是一味张扬，而是始终不卑不亢。

境界

1. 朋友用心交，父母用命孝。

2. 平生不做缺德事，世上应无切齿人。

3. 把手握紧，里面什么也没有；把手放开，你得到的是一切。

4. 脑袋之所以是圆的，是为了满足人们不断转换思路的需要。

5. 人不必遗憾，若是美好，那叫精彩；若是平淡，那叫经历。

6. 心中若无烦恼事，便是人生好时节；心中若有烦恼事，也是人生好经历。

闲语

1. 无人分享的快乐不是真正的快乐；无人分担的痛苦则是真正的痛苦。

2. 变老是人生必修课，变成熟是人生选修课。

3. 再烦，也别忘了微笑；再急，也要注意语气；再苦，也别忘了坚持；再累，也要爱惜自己。

4. 按本色做人，按角色定位，按特色办事。

5. 懒惰像生锈一样，比操劳更消耗身体。

6. 有志者自有雄兵百万，无志者只有寡人一个。

7. 左眼看别人缺点的时候，右眼要审视自己。

8. 人无远虑，必有近忧；人有远虑，必无近乐。

第十一辑

2012 年 8 月 21 日

人生十大奢侈品

1. 一颗不老的童心；

2. 生生不息的信念；

3. 背包走天下的健康；

4. 愉悦心情和性情的工作；

5. 安稳平和的睡眠；

6. 享有属于自己空间与时间的生活；

7. 牵手一个教会你爱与被爱的人；

8. 品味美丽和美好的心和心情；

9. 自由的心态和宽广的胸襟；

10. 点燃他人希望的精神特质。

人生八个相伴

1. 宽厚的人，总有快乐相伴；

2. 诚信的人，总有财富相伴；

3. 幽默的人，总有魅力相伴；

4. 细心的人，总有温馨相伴；

5. 老实的人，总有好运相伴；

6. 高尚的人，总有智慧相伴；

7. 善良的人，总有幸福相伴；

8. 坚毅的人，总有成功相伴。

争做七种人

1. 经得起诱惑的是圣人；

2. 耐得住寂寞的是伟人；

3. 跨得过坎坷的是大人；

4. 看得透人世的是哲人；

5. 扶得起别人的是贵人；

6. 熬得过苦难的是爱人；

7. 忘不了祝福的是友人。

六句妙语

1. 所谓门槛，过去了是门，过不去则是槛；

2. 人生的悲哀往往是你想两肋插刀，刀却只有一把；

3. 怀旧，不是那个年代有多好，而是那个年代你年轻；

4. 觉得不快乐，是因为你追求的不是幸福，而是比别人幸福；

5. 两个人的感情就像织毛衣，建立时一针一线，拆除时只需轻轻一拉；

6. 两袖清风但存正气，一间陋室却透书香。

五心之理

1. 宽其心，容天下之物；

2. 虚其心，受天下之善；

3. 平其心，论天下之事；

4. 潜其心，观天下之理；

5. 定其心，应天下之变。

给某些人画像

1. 头脑聪明，但什么传言都信；

2. 大事忍气吞声，小事斤斤计较；

3. 计较的不是公平，而是自己不是受益者；

4. 经常批评别人，却很少反思自己；

5. 自己爽不爽没关系，反正不能让别人爽；

6. 不为朋友的成功鼓掌，却为别人的失败落井下石；

7. 不为大家的利益奋斗，却为大家的不幸怒骂；

8. 不愿为长远利益操心，愿为眼前利益冒险。

寄语五句

1. 不要总为过去的事情纠结，今天的太阳晒不着昨天的衣裳；

2. 人生要懂得选择和舍得放弃；

3. 一个成熟的人往往发现他可以指责的人越来越少，因为每个人都有自己的长处和难处；

4. 最好的医生是自己，最好的医院是厨房，最好的药物是饮食，最好的疗效是坚持；

5. 不要试图给你的生命增加时间，而是要给你的时间增加生命。

第十二辑

2012 年 8 月 28 日

新"二十四孝"行动标准

1. 经常带着爱人、子女回家；

2. 节假日尽量与父母共度；

3. 为父母举办生日宴会；

4. 亲自给父母做饭；

5. 每周给父母打个电话；

6. 父母的零花钱不能少；

7. 为父母建立"关爱卡"；

8. 仔细聆听父母的往事；

9. 教父母学会上网；

10. 经常为父母拍照；

11. 对父母的爱要说出口；

12. 打开父母的心结；

13. 支持父母的业余爱好；

14. 支持单身父母再婚；

15. 定期带父母做体检；

16. 为父母购买合适的保险；

17. 常跟父母做交心的沟通；

18. 带父母一起出席重要活动；

19. 带父母参观你工作的地方；

20. 带父母去旅行或故地重游；

21. 和父母一起锻炼身体；

22. 适当参加父母的活动；

23. 陪父母拜访他们的老朋友；

24. 陪父母看一场电影。

谨记五学

1. 学理论，方知人格之圣洁、正气之凛然、坚持之崇高、创新之伟大；

2. 学历史，方知沧桑之悠久、社会之繁杂、责任之沉重、事业之伟大；

3. 学法律，方知规矩之方圆、法典之严密、公正之可贵、廉洁之重要；

4. 学科学，方知宇宙之浩瀚、天地之壮阔、气象之万千、探索之艰难；

5. 学文艺，方知自然之美妙、生活之多彩、情感之细腻、技艺之雄奇。

学会感激

1. 感激伤害你的人，因为他磨炼了你的心态；

2. 感激绊倒你的人，因为他强化了你的双腿；

3. 感激欺骗你的人，因为他增进了你的智慧；

4. 感激蔑视你的人，因为他觉醒了你的自尊；

5. 感激遗弃你的人，因为他教会了你应该独立。

水与人生

1. 水是万物的本原；

2. 滴水可以汇成江河，粒米可以聚成谷仓；

3. 水若停滞即失其纯洁，心不活动精气自消；

4. 洪水可从涓滴的细流中发生；

5. 沉静的水是最可怕的人；

6. 水愈活动愈纯洁，人愈谦虚愈高尚；

7. 人生如河流，不要怕逆水行舟；

8. 滴水穿石，贵在坚持；

9. 虽然船在上面，水在下面，然而水仍是主人翁；

10. 人生像曲曲折折的山涧流水，断了流，却又滚滚而来；

11. 连结土壤的是水，使人类社会走上和谐安康的是互相体谅的心；

12. 在你立足之处深挖下去，就会有泉水涌出；

13. 每一滴水都具有水的全部特性；

14. 水唯善下方成海，山不矜高自极天；

15. 水能淡性为吾友，竹解虚心是我师。

也许有点道理

1. 没有英雄办不成事，英雄太多也会坏事；

2. 千里马也要拿鞭子，保持适当压力有利于成功；

3. 常识要和大家一致，技能则要与众不同；

4. 在平常的群体里关注出众的人，在出众的群体里关注平常的人；

5. 私下提意见叫补台，当众提意见叫拆台；

6. 领导者关注异常而不关注正常，关注例外而不关注例行，正常和例行有下属管；

7. 给老年人分饼，给年轻人画饼，和中坚力量一起吃饼；

8. 谁都能踩死蚂蚁，但大象背上的蚂蚁谁能踩；

9. 历史不会重复它的事实，但会重复它的规律；

10. 画龙点睛，妙在只点两只眼睛，如果点多了，那就成了筛子；

11. 最好的状态是正常，最有效的手段是平衡，最高的境界是自然。

第十三辑

2012 年 9 月 10 日

什么是幸福

1. 把不大不小的事情办得圆满；

2. 把不忙不闲的工作做得出色；

3. 把不高不低的岗位守得无憾；

4. 把不贵不贱的朋友交得深厚；

5. 把不丑不美的配偶处得和顺；

6. 把不优不劣的孩子养得向上；

7. 把不多不少的收入花得妥帖；

8. 把不咸不淡的日子过得精彩。

学会去气

1. 去躁气宁静平和；

2. 去浮气求真务实；

3. 去娇气敢闯敢拼；

4. 去俗气坚守原则；

5. 去狂气低调为人；

6. 去怯气勇挑重担；

7. 去小气有容乃大；

8. 去浊气清闲自然；

9. 去暮气积极进取；

10. 去惰气只争朝夕；

11. 去戾气与人为善；

12. 去僵气灵活求变；

13. 去迂气明理豁达；

14. 去虚气实在做事；

15. 去奢气节俭朴素。

要想不累

1. 乐观不累悲观累；

2. 宽容不累怨恨累；

3. 醒悟不累迷失累；

4. 正直不累奸诈累；

5. 痴傻不累刁钻累；

6. 情愿不累强求累；

7. 信任不累猜忌累；

8. 受伤不累报复累；

9. 表白不累掩盖累；

10. 清贫不累贪欲累。

肆

人生九度

1. 工作——能力不敌态度；

2. 事业——才华不敌韧度；

3. 知识——广博不敌深度；

4. 思想——敏锐不敌高度；

5. 做人——精明不敌气度；

6. 做事——速度不敌精度；

7. 看人——外貌不敌风度；

8. 写作——文采不敌角度；

9. 方法——创意不敌适度。

伍

公交车上悟换届

1. 有人行程很长，有人行程很短。

2. 有人很幸运，上车就落座；有人很倒霉，全程都站着。

3. 有时别处位子不断地空出来，唯独身边这个位子毫无动静。

4. 为了坐上或保住座位有人漠视良心。

5. 有人眼看位子要到手了，却被那些钻劲大的人抢走了。

6. 有人经历很长等待，终于有了位子，但却已到了终点。

7. 坐公交车最重要的是道德和良心。

人生须知

1. 从崇高到荒唐只有区区一步，从荒唐到崇高却要万里长征。

2. 生活的最高境界是懂得宽容，相处的最高境界是懂得尊重。

3. 这保健那保健，最好的保健是锻炼；这养颜那养颜，最好的养颜是睡眠；这养生那养生，最好的养生是放松；这风光那风光，最好的风光是健康。

4. 何谓理想状态下的生老病死？简言之：生要好，老要慢，病要晚，死要快。

第十四辑

2012 年 9 月 27 日

树木哲学

1. 树大招风：提醒低调是必要的；

2. 玉树临风：说明形象是很重要的；

3. 独树一帜：说明创新才是有生命力的；

4. 树欲静而风不止：说明事物并不以你的意志为转移；

5. 枯树开花：说明希望是不能随便放弃的。

身边哲学

1. 敌人变成战友多半是为了生存，战友变成敌人多半是为了金钱。

2. 人的一生都有一些说不出的秘密，换不回的遗憾，触不到的梦想，忘不了的爱。

3. 成功者的心里容得下世界，失败者的眼里只有对方。

4. 埋怨就像骑木马，让你有事做，但不会前进一步。

5. 排队的欣慰不是前面的人越来越少，而是后面的人越来越多。

6. 狡猾和聪明的差距不是在智力上，而是在道德上。

方圆哲学

1. 方是目标，圆是路径。

2. 方是原则，圆是变通。

3. 方以不变应万变，圆以万变应不变。

4. 方是精神，是骨气，是做人的脊梁；圆是方法，是艺术，是处世的计策。

5. 方而不圆，总易碰壁；圆而无方，难成大事。

6. 随方就圆，万事和顺。

7. 山为方，为正，为直；水为圆，为清，为顺。

男女哲学

1. 女人有情人后，有负罪感；男人有情人后，有成就感。

2. 女人没有爱就没有性；男人没有性就没有爱。

3. 女人丧失青春后，开始追求自己的品味；男人丧失青春后，开始追求别人的青春。

4. 男人需要女人留空间；女人需要男人填满空间。

5. 男人把事业当抱负；女人把婚姻当事业。

6. 男人喜欢女人弱中有强；女人喜欢男人强中有弱。

7. 男人入错行，上班很痛苦；女人嫁错郎，下班很痛苦。

8. 男人在外头养女人叫金屋藏娇；女人在外头养男人叫卧虎藏龙。

9. 男人没赚钱，老婆想和他离婚；男人赚钱后想和老婆离婚。

10. 成功的男人背后一定有一个女人支持；成功的女人背后一定有一堆男人支持。

11. 婚前，男人天天盯着女人；婚后，女人天天盯着男人。

12. 疯狂工作的男人背后有一个幸福的女人；疯狂工作的女人背后有一个使她伤心的男人。

伍

"折腾"哲学

1. 自由：想折腾就折腾；

2. 幸福：折腾什么得到什么；

3. 迷茫：不知道怎么折腾；

4. 宽容：怎么折腾都行；

5. 寂寞：自己折腾自己；

6. 创新：换着法儿折腾；

7. 开心：越折腾越会折腾；

8. 时尚：大家一起折腾；

9. 恋爱：男女互相折腾；

10. 婚姻：越来越不想折腾。

月饼哲学

1. 李白月饼：床前明月光，隔壁月饼香；举头望明月，能否尝一尝？

2. 杜甫月饼：杜陵有布衣，今年多送礼；何物能摆阔，月饼最出色。

3. 柳宗元月饼：无权鸟飞绝，没钱人踪灭；无饼蓑笠翁，独过中秋节。

4. 苏轼月饼：明月几时有？举饼问青天；不知天上宫阙，月饼贵多钱？

5. 琼瑶月饼：饼外情义重，饼内月重重；迎来送往俱无踪，徒留一帘幽梦。

第十五辑

2012 年 10 月 22 日

水与人生

1. 水，能容纳污浊却洁净万物；

2. 水，身处低洼却蓄势无穷；

3. 水，能随器而形、随温而状，却不失本色；

4. 水，因势而动、顺势而行，却保持自己的方向；

5. 上善若水是水的风范；

6. 一泻千里是水的气势；

7. 细若游丝是水的温柔；

8. 水润无声是水的胸怀。

贵与人生

1. 锻炼不在朝夕，贵在持之以恒；

2. 活动不在多少，贵在量力而行；

3. 衣着不在时尚，贵在舒适合身；

4. 膳食不在丰富，贵在营养均衡；

5. 居室不在大小，贵在整洁干净；

6. 小病不在吃药，贵在心理调顺；

7. 配偶不在漂亮，贵在品德端庄；

8. 人生不在年少，贵在心理年轻。

快乐与人生

1. 忙一点，为生活充实而快乐；

   闲一点，为轻松自在而快乐。

2. 晋升了，为受到重用而快乐；

   没提拔，为少些操心而快乐。

3. 发财了，为高端消费而快乐；

   没发财，为低碳生活而快乐。

4. 名气大，为声名远播而快乐；

   名气小，为远离狗仔而快乐。

5. 应酬多，为广结人缘而快乐；

   应酬少，为健康养生而快乐。

感悟与人生

1. 不要说自己有多好，因为没人信；不要说自己有多坏，因为人都信。

2. 得意时，朋友认识了你；失意时，你认识了朋友。

3. 做好人，靠的是善良的心；做老好人，靠的是善变的脸。

4. 不幸是一所没人报的大学，但它年年招生，能毕业的都是强者。

5. 无论你说的话有多谨慎，总会有人歪曲你的意思。

6. 原谅是容易的，再次信任就难了。

7. 喝醉了才知道你爱谁，生病了才知道谁爱你。

8. 邀百人之欢，还不如释一人之怒；求百事之荣，还不如解一事之难。

9. 把苦日子过甜，把甜日子过苦，日子才有内涵。

10. 我发信息给你，不是我有时间，不是我无聊，而是我心中有你。

伍

哲言与人生

1. 钱财给人负担，放下了，就轻松了；

2. 名利给人烦恼，看破了，就宁静了；

3. 贪欲给人折磨，戒除了，就幸福了；

4. 记恨给人伤害，转念了，就愉快了；

5. 短信给人桥梁，联络了，就开心了。

秋语与人生

1. 当金钱站起来说话的时候，所有的真理都沉默了。

2. 人生如棋，我原为卒，行动虽慢，可谁曾看见他后退一步？

3. 称颂他人时务必要真诚，因为大多数人能够区别糖和糖精。

4. 踮起脚尖去够上司的人，必须跷起二郎腿对待下属。

一念与人生

1. 成功与失败在一念之间；

2. 快乐与痛苦在一念之间；

3. 高贵与低贱在一念之间；

4. 善良与邪恶在一念之间；

5. 觉悟与迷惑在一念之间；

6. 朋友与仇敌在一念之间；

7. 美丽与丑陋在一念之间；

8. 天堂与地狱在一念之间。

十胜与人生

1. 诚信笃实者胜；

2. 勤劳服务者胜；

3. 谦虚有理者胜；

4. 仁慈有爱者胜；

5. 喜舍待人者胜；

6. 大公无私者胜；

7. 恒心坚忍者胜；

8. 圆融宽厚者胜；

9. 勇于负责者胜；

10. 信仰有道者胜。

第十六辑

2012 年 10 月 29 日

感悟篇

分分合合是情缘；

断断续续是想念；

起起落落是人生；

悲悲喜喜是心情；

反反复复是时间；

平平淡淡是三餐；

真真假假是世态；

糊糊涂涂是神仙。

小悟篇

1. 思虑太少可能失去做人的尊严，思虑太多可能失去做人的乐趣，度也。

2. 挣钱是技术，花钱是艺术，能不能挣钱看智慧，会不会花钱看品味，道也。

3. 对自己好一点，这一生不是很长，对身边的人好一点，下辈子不一定遇得上，爱也。

4. 有如鹤立雪中，聪者观雪，愚者看鹤，智者看白，慧也。

5. 耐得住、伤得起、拿得下、放得开、得得准、失得安、活得透、走得畅，君也。

胸怀篇

做人，胸怀决定成败。一个人的胸怀是被委屈撑大的。小成靠朋友，大成靠敌人。小成受苦难，大成受灾难。君子让人成长，小人让人成熟。

慢慢篇

1. 慢慢地才知道，要自己对自己好一些，因为真正关心你的人并不多，有时他们也不一定在你身边；

2. 慢慢地才知道，很多东西可遇不可求，即使费尽心机也无济于事，因为谋事在人成事在天；

3. 慢慢地才知道，和别人无休止地争论绝没有任何意义，因为很多事情无所谓对错；

4. 慢慢地才知道，未必做每件事都有意义，可是做的每件事都会变成一种美好的回忆；

5. 慢慢地才知道，岗位工作是谋生的手段，结交朋友才是快乐的源泉；

6. 慢慢地才知道，爱孩子是天性，行孝道才是一种责任，因为它可以检验我们的灵魂；

7. 慢慢地才知道，峰高无坦途，得闲即是福，因为追求幸福才是人生真谛；

8. 慢慢地才知道，最贫者无幸福，最富者无真情，不贫不富的最好，因为富则兼济天下，贫则独善其身；

9. 慢慢地才知道，朋友朋友，有才有朋友，因为真正的患难之交并不多。

伍

境界篇

1. 从政境界：忙中未说错话，乱局未看错人，复杂时没走错路。

2. 自律境界：无功不受大禄，无助不受重礼。

3. 生活境界：常与穷人交往，闲与雅人相会，乐与亲人分享。

4. 事业境界：单位尽心无憾，养家小康无忧，自己开心无悔。

5. 喝酒境界：你尚举杯邀明月，他已不知你是谁。

6. 情爱境界：有红颜知己，有交往底线，不扰家庭，支撑事业。

7. 荣誉境界：你已远离江湖，江湖却还在传说你。

8. 交友境界：度、量、恒恰到好处，久未谋面，短信照发。

心语篇

1. 心善，乐善好施是大爱无疆的蔓延；

2. 心宽，宽大为怀是足智多谋的恬静；

3. 心正，正大光明是憨厚耿直的凸现；

4. 心静，静心如水是博大精深的境界；

5. 心怡，怡然自得是达观开朗的淡泊；

6. 心安，安常处顺是知足常乐的欣慰；

7. 心诚，诚心诚意是高风亮节的镜子；

8. 心灵，积爱有福是种瓜得瓜的显现。

第十七辑

2012 年 11 月 26 日

幸福七言

1. 健全和健康的身体，幸福的基石；

2. 实际的目标和期望，幸福的驱动力；

3. 自尊，幸福的支架；

4. 控制感情，幸福的规则；

5. 乐观，幸福的源泉；

6. 豁达，幸福的开阔地；

7. 益友，幸福的开心果。

怪话六句

1. 人干点好事总想让鬼神知道，干点坏事总以为鬼神不知道，这世道让鬼神太为难了。

2. 有钱人怕别人知道他有钱，无钱人又怕别人知道他没钱。

3. 现实中用真名说假话，网络中用假名说真话。

4. 伟人改变环境，能人利用环境，凡人适应环境，庸人埋怨环境。

5. 做领导的，不让部下累，觉得没水平；做老板的，不让员工累，觉得不安心。

6. 女人嫁错了老公，一辈子就毁了；男人娶错了老婆，三代人都受苦。

妙语小鉴

1. 只知敬仰君子,不知笼络小人,很难有所作为。

2. 只学儒家思想,不屑平庸思维,很难有所成就。

3. 只追求爱,不化解恨,很难心灵平静。

4. 只谋建设,不防破坏,很难做出成绩。

5. 只友好邦交,不智对敌人,很难持续发展。

6. 只期盼长寿,不享受现在,很难说自己来过这个世界。

可品格言

1. 邀千人之欢,不如释一人之怨;希千事之荣,不如允一事之丑。

2. 世上没有绝对的公平,公平只在一个点上,心中平,世界才会平。

3. 只有迟来的成功,没有永恒的失败。

4. 把苦日子过甜,把甜日子过苦,日子便有了内涵。

5. 只要卷起袖子,困难就会躲在一边。

心宽四剂

1. 用宽容的钥匙，打开褊狭的心扉；

2. 用智慧的宝剑，斩断烦恼的情执；

3. 用爱心的药石，修补创伤的痛楚；

4. 用欢喜的洁水，滋润烦忧的人生。

陆

快乐八法

1. 快乐来自自己内心；

2. 快乐来自心胸宽阔；

3. 快乐来自内心平静；

4. 快乐来自人际关系；

5. 快乐来自和谐家庭；

6. 快乐来自生态环境；

7. 快乐来自身体健康；

8. 快乐来自他人关怀。

第十八辑

2012 年 12 月 18 日

人生六不忘

1. 不忘根，炎黄之根、宗族之根、祖宗之根；

2. 不忘本，立身之本、处事之本、做人之本；

3. 不忘善，修德之善、行道之善、解难之善；

4. 不忘恩，养育之恩、栽培之恩、帮扶之恩；

5. 不忘责，社会之责、岗位之责、家庭之责；

6. 不忘情，血缘之情、真爱之情、挚友之情。

水平思考

1. 人的喝酒水平不在喝多而在喝好，不在称魁而在成仙；

2. 人的讲话水平不在讲多而在讲好，不在讲清而在讲精；

3. 人的领导水平不在独揽而在放权，不在说教而在示范；

4. 人的思想水平不在看见而在看穿，不在想到而在想透；

5. 人的阅历水平不在经过而在体验，不在散见而在总揽；

6. 人的处事水平不在坚韧而在平和，不在有友而在无仇；

7. 人的为事水平不在利落而在稳妥，不在成事而在完美；

8. 人的交友水平不在众多而在知心，不在火热而在清纯；

9. 人的操作水平不在麻利而在平衡，不在表象而在效果；

10. 人的短信水平不在多少而在经常，不在热烈而在精辟。

心理箴言

人生无常，最重要的不是你所处的位置，而是你所朝的方向。

如是：

你不能决定生命的长度，但可以控制它的宽度；

你不能左右天气，但可以改变心情；

你不能改变容貌，但可以展示笑容；

你不能控制他人，但可以掌握自己；

你不能预知明天，但可以美满今天；

你不能样样顺利，但可以事事尽力。

两半之分

1. 成功分为两半：一半在老天手中，那是宿命；一半在自己手中，那是努力。

2. 快乐分为两半：一半在心里，那是感觉；一半在脸上，那是笑容。

3. 幸福分为两半：一半在家庭里，那是平淡；一半在工作中，那是平安。

4. 祝福分为两半：一半在我这边，那是挂念；一半在你那边，那是情谊。

做人如水

你高，我便退去，决不淹没你的优长；

你低，我便涌来，决不暴露你的缺陷；

你动，我便随行，决不撇下你的孤单；

你静，我便长守，决不打扰你的安宁；

你热，我便清灵，决不激化你的沸腾；

你冷，我便沸腾，决不漠视你的寒冷。

老人应该明白

1. 几个无话不说的朋友是最大的财富。

2. 不管你如何努力，总有人不喜欢你，由他去吧。

3. 认真听别人的意见，坚持自己的努力。

4. 不管你对别人多好，别人未必领情，但求无愧于心。

5. 想到就去做吧，没准明天就没勇气了。

6. 对自己好点，人活一世不是来委屈自己的。

四不原则

正职：总揽不独揽，宏观不主观，决断不武断，放手不撒手。

副职：献策不决策，到位不越位，超前不抢前，出力不出名。

平级：理解不误解，补台不拆台，分工不分家，交心不多心。

用人：用人不整人，管事不多事，讲话不多话，严格不严厉。

第十九辑
2012 年 12 月 31 日

好命运从哪里来

1. 从好社会来；

2. 从好道路来；

3. 从好身体来；

4. 从好观念来；

5. 从好心眼来；

6. 从好脾气来；

7. 从好行为来；

8. 从好言语来；

9. 从好家庭来；

10. 从好关系来。

一辈子要有十个人

1. 亲人：伴你成长；

2. 爱人：伴你终身；

3. 恩人：强你能量；

4. 友人：与你携手；

5. 贵人：给你知识；

6. 能人：治你毛病；

7. 贤人：解你迷津；

8. 敌人：帮你清醒；

9. 小人：使你谨慎；

10. 众人：助你成功。

叁

做人要有六种境界

1. 凡事皆有极困难之时，打得通的，便是勇者；

2. 凡事皆有极关键之时，抓得住的，便是明者；

3. 凡事皆有极复杂之时，拆得开的，便是智者；

4. 凡事皆有极矛盾之时，看得透的，便是悟者；

5. 凡事皆有极重大之时，沉得住的，便是静者；

6. 凡事皆有极寂寞之时，耐得住的，便是逸者。

肆

人要知道八然

1. 生命是一片树叶，绿了枯了，必然；

2. 青春是一朵鲜花，开了谢了，天然；

3. 金钱是一班列车，进了出了，淡然；

4. 往事是一道风景，忘了透了，嫣然；

5. 事业是一场博弈，赢了输了，坦然；

6. 感情是一杯茶水，浓了淡了，自然；

7. 生活是一个漏斗，得了失了，怡然；

8. 祝福是一条短信，看了笑了，灿然。

伍

劝君听一个故事

三和尚同行外出，一携伞，一持杖，一空手。雨后归来，有伞和尚半身淋湿，持杖和尚全身污泥，空手和尚干干净净。小和尚不解而问之。一答：我有伞，因有遮挡而雨中行，但风向无测，便淋湿半身。二答：我持杖，故无畏泥泞，谁知路难测，反而一跤仰天。三答：天有雨，总有停雨时，路有泥，何必泥中行，万物随缘，自然干干净净。

启示：人因佩剑而招害，或因名高而誉损。故当小心"所有"，享受"所无"，方能心想事成，一生平安。

第二十辑

2013 年 1 月 30 日

五个犹太人改变了西方世界

一是摩西，他说一切都是律法；

二是耶稣，他说一切都是苦难；

三是马克思，他说一切都是资本；

四是弗洛伊德，他说一切都是性；

五是爱因斯坦，他说一切都是相对的。

吸引力法则

1. 你喜欢挑战，方法就越来越多；

2. 你喜欢放弃，借口就越来越多；

3. 你喜欢感谢，顺利就越来越多；

4. 你喜欢抱怨，烦恼就越来越多；

5. 你喜欢拼搏，成功就越来越多；

6. 你喜欢逃避，失败就越来越多；

7. 你喜欢分享，朋友就越来越多；

8. 你喜欢信息，知识就越来越多。

人应顺应自然

1. 山不解释自己的高度，高耸云端；

2. 海不解释自己的深度，海纳百川；

3. 地不解释自己的厚度，生养万物；

4. 太阳不解释自己的温度，光芒万丈；

5. 天空不解释自己的宽度，漫无边际。

我们应该懂得

1. 成功的人不是赢在起点，而是赢在转折点；

2. 人生没有如果，只有后果和结果；

3. 人生就是八个字：喜怒哀乐忧愁烦恼，八个字中只有喜和乐顺心，看透就好了；

4. 蓝天下便是阳光，艰苦后便是甘甜，失败了就当经验，成功时便是灿烂。

简单赋

简单，是生活最高的境界。万事万物都有一个共同的规律：从简单到复杂，再提炼为简单。简单，开始是一种单纯，最后是一种高度的浓缩。不经历复杂的简单，品不出丰富的味道。不简化的复杂，是一道没有主料的菜。尝尽人间百味，还是清淡最美。

看过人生繁华，还是平淡最真。简单，是看透人生的智慧结晶。简单就是胜利，简单就是成功，简单就是财富。

永恒说

有一种东西决不能愚弄，那就是真诚；

有一种东西决不能放纵，那就是欲望；

有一种东西决不能远离，那就是安宁；

有一种东西决不能触摸，那就是罪恶；

有一种东西决不能失去，那就是德行；

有一种东西决不能欺瞒，那就是心灵；

有一种东西决不能游戏，那就是人生；

有一种东西决不能间断，那就是信息。

第二十一辑

2013 年 2 月 18 日

人生五大投资你占了几个

1. 人生最大的投资不是房子、不是股票，而是人。跟什么人交往，跟随什么人，交什么样的朋友，其实就是投资什么人。而这，是对人生影响最大的。钱不会给人机会，房子也不会，只有人会给人机会，当人需要帮助时，只有人会帮助人。

2. 人生第二大的投资是时间。每个人每天只有 24 小时，拿这 24 小时做什么，是实干兴业还是打牌赌博，是看书学习还是游手好闲，自然会有不同的回报。用 24 小时除以回报，这是财富对投资的测定。

3. 人生第三大的投资是健康。身体是我们一生的载体，想想看，船漏了如何在海上快速行驶呢？心灵的健康是正确处理复杂世界的基础，想想看，如果没有一个好的舵手掌握方向，再好的船也会触礁。

4. 人生第四大的投资是选对行业。俗话说，女怕嫁错郎，男怕选错行，其实男女都怕选错行。虽然七十二行，行行出状元，但是你能不能成状元，与你对行不对行有很大关系。

5. 人生第五大的投资是选对伴侣。比尔·盖茨在接受杨澜专访时，被问到他一生最智慧的决定是创建微软还是大举慈善，他回答说都不是，找到合适的人结婚才是他最智慧的决定！巴菲特也曾经说过，我一生中最重要的决定是选择跟谁结婚，而不是其他任何一笔投资。

贰 ————————————————————————————

超过以下三条说明你压力很大需要休息

1. 不想工作；

2. 想骂人；

3. 想消失；

4. 不想活了；

5. 想从高楼上跳下去；

6. 想独自旅行；

7. 想抽人；

8. 想喝几杯；

9. 想把所有钱都花光；

10. 想大喊；

11. 想抓住某个人猛亲；

12. 想到世界末日；

13. 想回到过去；

14. 想一个人徘徊在无人的地方。

看得见与看不见

1. 人体看得见，人品看不见；

2. 交谈看得见，交心看不见；

3. 品尝看得见，品位看不见；

4. 流泪看得见，伤心看不见；

5. 握手看得见，友谊看不见；

6. 成功看得见，艰辛看不见。

可怕与不可怕

1. 愚昧不可怕，被控的愚昧才可怕；

2. 无知不可怕，真诚的无知才可怕；

3. 谎言不可怕，重复的谎言才可怕；

4. 做梦不可怕，做噩梦才可怕；

5. 黑暗不可怕，瞎了眼才可怕；

6. 公权不可怕，不受监督的公权才可怕；

7. 贪官不可怕，助长贪官才可怕；

8. 没有手机不可怕，收不到信息才可怕。

奉上正能量

1. 遇到爱你的人，学会感恩；遇到你爱的人，学会付出。

2. 遇到恨你的人，学会道歉；遇到你恨的人，学会原谅。

3. 遇到欣赏你的人，学会感激；遇到你欣赏的人，学会赞美。

4. 遇到嫉妒你的人，学会低调；遇到你嫉妒的人，学会转化。

5. 遇到不懂你的人，学会沟通；遇到你不懂的人，学会请教。

2012 俏皮话集锦

1. 哥们儿，麻烦让一下，你挡着我的手机信号了。

2. 我要全世界都知道我很低调。

3. 哎哟，你这么忙还亲自上厕所啊？

4. 你的愚蠢总是那么富有创造力。

5. 来到这个世上，我就没打算活着回去。

6. 孩子，人傻不能复生啊！

7. 自从得了神经病，整个人都精神多了。

8. 不能因为我俩有过节，你就把我当节过。

9. 我这人不懂音乐，所以时而不靠谱，时而不着调。

10. 哎，这人要是一没正行，连头痛都是偏的。

第二十二辑

2013 年 3 月 4 日

人生须经十种历练（辑自安宁博客）

    1. 忍得住孤独；

    2. 耐得住寂寞；

    3. 挺得住痛苦；

    4. 顶得住压力；

5. 挡得住诱惑；

6. 经得起折腾；

7. 受得起打击；

8. 担得起责任；

9. 丢得起面子；

10. 提得起精神。

学点禅语

1. 遵循简单才不会累；

2. 秉承宽容才不会气；

3. 学会忘记才不会愁；

4. 知道惧怕才不会危；

5. 甘于示弱才不会伤；

6. 保持低调才不会亏；

7. 愿意放弃才不会苦；

8. 适度知足才不会悔；

9. 记住感恩才不会怨；

10. 懂得珍惜才不会愧。

这也许就是幸福

1. 不用拼爹竟找到了好工作；

2. 不用认爹竟遇到了好上司；

3. 不用献身竟遇到了好导演；

4. 不用买房竟娶到了好媳妇；

5. 不用送礼竟遇到了好大夫；

6. 不用鉴定竟有了亲儿子；

7. 不用行贿竟得到了好生意；

8. 不用装逼竟交到了好朋友。

食品中的哲学

1. 油条：不受煎熬不会成熟，总受煎熬会成老油条。

2. 面包：渺小时，比较充实；膨大后，觉得空虚。

3. 拉面：想成功得有人拉一把。

4. 饺子：脸皮不能太薄，也不能太厚。

5. 啤酒：别急，总有让你冒泡的时候。

6. 蟹：一辈子只能红极一时。

7. 豆腐：关键阶段需要点文化。

伍

挚友如三品

一如粥。暖身暖心，不戚戚于卑微，不汲汲于富贵。困难时给予帮助，孤独时给予慰藉，彷徨时给予指引。

二如水。君子之交淡如水。不狂妄，不张扬，不计较。默默相伴，不离不弃。

三如茶。清雅，高洁，淡然。情操陶冶提升，趣味相互传递。缘于品，敬于德，契于智，无须言语相知相融。

第二十三辑

2013 年 3 月 19 日

俗话辩证 60 题

1. 俗话说：好马不吃回头草；可俗话又说：浪子回头金不换。

2. 俗话说：兔子不吃窝边草；可俗话又说：近水楼台先得月。

3. 俗话说：宰相肚里能撑船；可俗话又说：有仇不报非君子。

4. 俗话说：男子汉大丈夫，宁死不屈；可俗话又说：男子汉大丈夫，能屈能伸。

5. 俗话说：打狗还得看主人；可俗话又说：杀鸡给猴看。

6. 俗话说：知无不言，言无不尽；可俗话又说：交浅勿言深，沉默是金。

7. 俗话说：车到山前必有路；可俗话又说：不撞南墙不回头。

8. 俗话说：人不犯我，我不犯人；可俗话又说：先下手为强，后下手遭殃。

9. 俗话说：礼轻情意重；可俗话又说：礼多人不怪。

10. 俗话说：人多力量大；可俗话又说：人多嘴杂。

11. 俗话说：买卖不成仁义在；可俗话又说：亲兄弟，明算账。

12. 俗话说：一个好汉三个帮；可俗话又说：靠人不如靠自己。

13. 俗话说：人往高处走；可俗话又说：高处不胜寒。

14. 俗话说：一口唾沫一个钉；可俗话又说：人嘴两张皮，咋说咋有理。

15. 俗话说：亡羊补牢，未为晚也；可俗话又说：亡羊补牢，为时已晚。

16. 俗话说：瘦死的骆驼比马大；可俗话又说：拔了毛的凤凰不如鸡。

17. 俗话说：宁为玉碎，不为瓦全；可俗话又说：留得青山在，不怕没柴烧。

18. 俗话说：人不可貌相，海水不可斗量；可俗话又说：人靠衣裳马靠鞍。

19. 俗话说：人不出门身不贵；可俗话又说：金窝银窝不如自己的狗窝。

20. 俗话说：苦海无边，回头是岸；可俗话又说：开弓没有回头箭。

21. 俗话说：退一步海阔天空；可俗话又说：狭路相逢勇者胜。

22. 俗话说：三百六十行，行行出状元；可俗话又说：万般皆下品，唯有读书高。

23. 俗话说：书到用时方恨少；可俗话又说：百无一用是书生。

24. 俗话说：金钱不是万能的；可俗话又说：有钱能使鬼推磨。

25. 俗话说：天无绝人之路；可俗话又说：天网恢恢，疏而不漏。

26. 俗话说：出淤泥而不染；可俗话又说：近朱者赤，近墨者黑。

27. 俗话说：捉贼捉赃，捉奸捉双；可俗话又说：欲加之罪，何患无辞。

28. 俗话说：贫贱不能移；可俗话又说：人贫志短，马瘦毛长。

29. 俗话说：青出于蓝而胜于蓝；可俗话又说：姜还是老的辣。

30. 俗话说：后生可畏；可俗话又说：嘴上无毛，办事不牢。

31. 俗话说：有缘千里来相会；可俗话又说：不是冤家不聚头。

32. 俗话说：在天愿作比翼鸟，在地愿为连理枝；可俗话又说：夫妻本是同林鸟，大难临头各自飞。

33. 俗话说：得饶人处且饶人；可俗话又说：纵虎归山，后患无穷。

34. 俗话说：善有善报，恶有恶报；可俗话又说：人善被人欺，马善被人骑。

35. 俗话说：一分耕耘，一分收获；可俗话又说：人无横财不富，马无夜草不肥。

36. 俗话说：小心驶得万年船；可俗话又说：撑死胆大的，饿死胆小的。

37. 俗话说：量小非君子；可俗话又说：无毒不丈夫。

38. 俗话说：一寸光阴一寸金；可俗话又说：寸金难买寸光阴。

39. 俗话说：日久见人心；可俗话又说：人心隔肚皮。

40. 俗话说：光阴似箭；可俗话又说：度日如年。

41. 俗话说：己所不欲，勿施于人；可俗话又说：顺我者昌，逆我者亡。

42. 俗话说：邪不压正；可俗话又说：道高一尺，魔高一丈。

43. 俗话说：小不忍则乱大谋；可俗话又说：不蒸馒头争口气。

44. 俗话说：人人为我，我为人人；可俗话又说：人不为己，天诛地灭。

45. 俗话说：不怕人不敬，就怕己不正；可俗话又说：众口铄金，积毁销骨。

46. 俗话说：三个臭皮匠，胜过诸葛亮；可俗话又说：三个和尚没水吃。

47. 俗话说：不入虎穴，焉得虎子；可俗话又说：老虎屁股摸不得。

48. 俗话说：百事孝为先；可俗话又说：忠孝不能两全。

49. 俗话说：人无远虑，必有近忧；可俗话又说：今朝有酒今朝醉。

50. 俗话说：家事国事天下事，事事关心；可俗话又说：风声雨声雷电声，声声不闻。

51. 俗话说：人定胜天；可俗话又说：天意难违。

52. 俗话说：愚公移山；可俗话又说：蚂蚁搬不动大象。

53. 俗话说：哪里跌倒哪里爬起来；可俗话又说：一失足成千古恨。

54. 俗话说：路见不平一声吼；可俗话又说：各人自扫门前雪。

55. 俗话说：双喜临门；可俗话又说：福无双至，祸不单行。

56. 俗话说：嫁鸡随鸡，嫁狗随狗；可俗话又说：男怕选错行，女怕嫁错郎。

57. 俗话说：一个成功的男人，背后一定有一个贤惠的女人；可俗话又说：一个成功的女人，背后一定有一帮成功的男人。

58. 俗话说：明人不做暗事；可俗话又说：兵不厌诈。

59. 俗话说：开言见肺腑，把笔见心肝；可俗话又说：知人知面不知心，画虎画皮难画骨。

60. 俗话说：将相本无种，男儿当自强；可俗话又说：命里只有八分米，走遍天下不满升。

第二十四辑

2013 年 4 月 8 日

 壹

送你十颗心

早上舒心；

出门顺心；

路上小心；

遇事耐心；

交友真心；

待人诚心；

对自己有信心；

对情侣有爱心；

对家庭要关心；

最重要是开心。

佛我对话

1. 当我身处逆境时，是委曲求全，还是奋起反搏？

佛曰：放下。

2. 失去的东西有必要去追讨吗？

佛曰：失去的东西未曾真正属于你，不必惋惜，更不必追讨。

3. 如何理解永远？

佛曰：人人觉得永远会很远，其实它可能短暂得你都看不见。

4. 生活太累，如何轻松？

佛曰：生活累一半源于生存，一半源于欲望和攀比。

5. 昨天与今天，我该如何把握？

佛曰：不要让太多昨天占据你的今天。

6. 如何对自己、对他人？

佛曰：对自己好点，因为一辈子不长；对他人好点，因为下辈子不一定能够遇见。

7. 如何诠释礼貌？

佛曰：对不起，是一种真诚；没关系，是一种风度。如果你付出了真诚，却得不到风度，那只能说明对方的无知和粗俗。

8. 我如何确定自己的目标？

佛曰：如果你知道去哪，全世界都会为你让路。

9. 怎样平衡快乐与悲伤？

佛曰：一个人只有一个心脏，却有两个心房。一个住着快乐，一个住着悲伤，不要笑得太大声，不然会吵醒旁边的悲伤。

10. 有些人总怨声载道，你怎么看？

佛曰：许多人在重组自己的偏见时，还以为自己是在思考，思考如何拯救世界。

11. 我怎样才能做到脚踏实地？

佛曰：只要你脚还在地面上，就别把自己看得太轻；只要你还生活在地球上，就别把自己看得太大。

12. 有人说爱情会因为时间而冲淡，你认为呢？

佛曰：爱情使人忘记时间，时间也使人忘记爱情。

13. 你怎样看待爱与幸福？

佛曰：很多人因为所谓的幸福爱错一个人，但更多的人因为爱对一个人，而幸福一生。

14. 两个相爱的人不能在一起，怎么办？

佛曰：不能在一起就不能在一起吧，其实一辈子也没有那么长。能和你白头偕老的那个人还一直在找你，等着你呢！

德国人信奉的五大哲理

1. 一个人的努力是加法效应；一个团队的努力是乘法效应。

2. 踏着别人的脚步前进，超越就无从谈起。

3. 脑袋之所以是圆的，那是为了满足我们不断转换思路的需要。

4. 彼此尊重才能达到彼此理解。

5. 想要看得清楚，其实只要换个视角就行。

肆

什么很重要

1. 在西藏再努力也烧不开一壶水，说明环境很重要。

2. 骑自行车再努力，也追不上宝马汽车，说明平台很重要。

3. 男人再优秀，没有女人也生不出孩子，说明合作很重要。

4. 一个人再有能力，也干不过一群人，说明团队很重要。

5. 要想有保障，买再多的水桶都不如挖一口水井，说明长远很重要。

伍

理解几个最

1. 最无情的不是敌人，而是时间；

2. 最珍贵的不是金钱，而是情感；

3. 最宽大的不是大海，而是心胸；

4. 最难听的不是脏话，而是无言；

5. 最可怕的不是失恋，而是失态；

6. 最美好的不是未来，而是今天；

7. 最难得的不是中大奖，而是朋友天天发信息。

应该这样理解这些问题

1. 胸口摸得着的尺寸叫胸围，摸不到的叫胸襟。

2. 眼睛看得到的地方叫视线，看不到的叫视野。

3. 嘴里说得出的话叫内容，说不出的叫内涵。

4. 脸上看得出的表情叫气色，看不出的叫气魄。

5. 掌纹看得出的线条叫命理，看不出的叫命运。

6. 脚下走得到的距离叫梦想，走不到的叫幻想。

7. 鼻子闻得到的味道叫气味，闻不到的叫气息。

8. 眉毛皱得出的形状叫情绪，皱不出的叫情感。

9. 手上比划出的动作叫手势，比划不出的叫手段。

10. 背后摸得到的硬度叫脊柱，摸不到的叫脊梁。

11. 耳朵听得到的动静叫声音，听不到的叫声誉。

12. 额头上看得出的是皱纹，看不出的是岁月。

13. 证件上印出来的叫文凭，印不出来的叫文化。

14. 跨得过的是门，跨不过的是槛。

15. 舌尖觉得到的是味道，觉不到的是胃口。

16. 平常听得到的声音是语言，听不到的是流言。

17. 语言能描述清楚的是意思，描述不清楚的是意境。

18. 文字写得出的叫情节，写不出的叫情结。

19. 温度计测得出的热乎叫温度，测不出的叫温暖。

20. 脚下走得到的地方叫前方，走不到的叫前程。

第二十五辑

2013 年 4 月 26 日

什么是幸福

1. 幸福不是你房子有多大，而是房子里的笑声有多甜；

2. 幸福不是你开豪华的车，而是你开着车平安回家；

3. 幸福不是你存多少钱，而是天天身心自由，不停地干自己喜欢干的事；

4. 幸福不是你的爱人多漂亮，而是你爱人的笑容多灿烂；

5. 幸福不是你当了多大的官，而是无论走到哪里人们都说你是个好人；

6. 幸福不是吃得好穿得好，而是没病没灾；

7. 幸福不是在你成功时的喝彩多热烈，而是失意时有个声音对你说：朋友，加油；

8. 幸福不是你听过多少甜言蜜语，而是你伤心落泪时有人对你说：没事，有我在。

心态决定命运

1. 宽阔的心，健康生活一辈子；

2. 包容的心，快乐生活一辈子；

3. 善良的心，无悔生活一辈子；

4. 童真的心，年轻生活一辈子；

5. 保持平常心，美丽生活一辈子。

生命新规则

1. 把时间分给靠谱的人和事；

2. 把周围的人过滤一遍，缩小朋友圈；

3. 超过 10 人的饭局尽量少参加；

4. 善于与人沟通，乐于听取别人意见；

5. 多想什么是自己真正想要的东西，想不透就继续想；

6. 与人为善，善于吃亏；

7. 杜绝事必躬亲，学会抓大放小；

8. 防止被别人利用；

9. 多与生命有关的人来往，少与生命无关的事纠缠。

新三字经（辑自安宁博客）

官无耻，法无公。商无德，骗成风。

学无良，道德崩。民无信，精神废。

人之初，性可变。性相近，习相远。

学不悟，不进步。知与行，应统一。

天地人，关系密。治大国，烹小鲜。

治官吏，使公正。治商家，使有德。

治学者，使有良。治民众，使有信。

有功者，不欺民。有德者，不作秀。

有理者，不高声。强不惧，弱不欺。

老而狂，必是狼。少年强，则国强。

伍

星云大师言一念之间

成功与失败一念之间；

快乐与痛苦一念之间；

富贵与贫穷一念之间；

善良与邪恶一念之间；

觉悟与遗憾一念之间；

天堂与地狱一念之间；

做人与做鬼一念之间。

陆

菜根谭言人生

人生最大的悲哀是无知；

人生最大的错误是邪见；

人生最大的烦恼是欲望；

人生最大的忧虑是生死；

人生最大的困扰是是非；

人生最大的美德是慈悲；

人生最大的收获是满足；

人生最大的能源是信仰；

人生最大的拥有是感恩；

人生最大的修养是宽容；

人生最大的希望是平安；

人生最大的发心是利众；

人生最大的财富是智慧；

人生最大的疾病是烦恼。

第二十六辑

2013 年 5 月 2 日

祈福雅安

心存希望，幸福降临；

心存梦想，机遇笼罩；

心存坚持，成功为伴；

心存真诚，平安跟随；

心存善念，阳光照耀；

心存美丽，温暖环绕；

心存大爱，崇高紧贴；

心存他人，真诚回报；

心存感恩，贵人青睐。

中国四大智慧

1. 大道至简：大道理是极其简单的，简单到一两句话就能说明白。世界上的事情难就难在简单。简单不是敷衍了事，也不是简单幼稚，而是最高级别的智慧，是成熟睿智的表现。完美的常常是简单的，简单就是真理，简单就是聪明，简单就是厚积薄发的力量。学会了简单，其实真不简单。做事情复杂繁琐往往是因为智慧没有到位。再大的事情，一分为二就很简单了，再难的事情从简单入手，循序渐进就能做成。因此，复杂的事情要简单去做，简单的事情要重复去做，重复的事情要用心去做，长期坚持下去，就没有做不成的事情。大道至简，悟在天成。

2. 大智若愚：常言道，聪明反被聪明误，指的是要小聪明。

学习郑板桥"难得糊涂"，这才是大智慧。"愚"是表面的糊涂，心里明白，小事糊涂，大事精明。老子曰："知人者智，自知者明；胜人者力，自胜者强。"大智者总是心态平和，沉着冷静，胸有丘壑，无为而治，韬光养晦，胸有雄兵，做到兵来将挡，水来土掩。行事中深谙变化之道，而非处处锋芒毕露，逞一时一己之强；时时斤斤计较，谋蝇头小利之得。智者与人沟通注重倾听，尊重他人，有礼有节。多听少说，既有涵养，又没人把你当哑巴。天外有天，山外有山，强中更有强中手。知己知彼，方能克敌制胜。聪明过头，人人害怕；精明过度，便是愚蠢。把握人生尺度，恪守"中庸之道"，小心物极必反。

3. 有容乃大：海纳百川，永不干涸。肚大能容天下难容之事，宰相肚里能撑船。鸡肠小肚永远难容事容人；坐井观天，永远是孤陋寡闻。空杯能容至真至纯之美酒，白纸能画最美最好的图画。量小非君子，妒忌生祸心。原谅有过错之人，就可成为朋友；心中常想着朋友，便可成为手足、知己。做人大度，方能大气；胸怀博大，可容世界。

4. 上善若水：此乃做人的最高境界。水利万物而不争，最高的善行就是像水一样泽被万物不争名利。水是勤劳的，大自然的水总是在液态、固态、气态之间转换，反复循环，无穷无尽。水对人公平，从不偷懒；只讲奉献，不图回报。做人也应该像水一样，与人为善，抛弃恶行，多行善举，不图功利，长久坚持。正所谓："善欲人见不是真善，恶恐人知便是大恶。"远离邪恶之源，便是光明之路。勤奋之根本，万物泽被而永生。水的德行就是"厚德载物"、"润物无声"。

论美

男人之美在于度；

女人之美在于韵；

孩子之美在于真；

老人之美在于醇；

家庭之美在于和；

朋友之美在于诚；

学习之美在于悟；

工作之美在于乐；

做人之美在于舍；

人性之美在于善。

第二十七辑

2013 年 5 月 15 日

1. 夏不睡石，秋不睡板。春不露脐，冬不蒙头。白天多动，夜晚少梦。

2. 睡前洗脚，胜吃补药。晚上开窗，一觉都香。贪凉失盖，不病才怪。

3. 早睡早起，怡神爽气。贪床贪睡，添病减岁。夜里磨牙，肚里虫爬。

4. 一天吃一头猪，不如床上打呼噜。三天吃一只羊，不如洗脚再上床。

5. 枕头不选对，越睡人越累。

6. 先睡心，后睡人，睡觉睡出大美人。

7. 头对风，暖烘烘；脚对风，请郎中。

8. 睡觉莫睡巷，最毒过堂风。

9. 睡觉不点灯，早起头不晕。

10. 要想睡得轻松，切莫脚朝西来头朝东。

11. 千学不如一看，千看不如一练。

12. 马看牙板，人看言行。

13. 不经冬雪，不知春暖。

14. 不挑担子不知重，不走长路不知远。

15. 不在被中睡，不知被子宽。

16. 不下水，一辈子不会游泳；不扬帆，一辈子不会撑船。

17. 不当家，不知柴米贵；不生崽，不知父母恩。

18. 不摸锅底手不黑，不拿油瓶手不腻。

19. 水落见石头，日久见人心。

20. 打铁的要自己把钳，种地的要自己下田。

21. 打柴问樵夫，驶船问艄公。

22. 宁甘做过，不甘错过。

23. 头回上当，二回心亮。

24. 发回水，积层泥；经一事，长一智。

25. 老马识路数，老人通世故。

26. 老人不讲古，后生会失谱。

27. 老牛肉有嚼头，老人言有听头。

28. 老姜辣味大，老人经验多。

29. 光说不练假把式，光练不说真把式，连说带练全把式。

30. 多锉出快锯，多做长知识。

31. 是蛇一身冷，是狼一身腥。

32. 香花不一定好看，会说不一定能干。

33. 要知山中事，乡间问老农；要知父母恩，怀里抱儿孙。

34. 一人说话全有理，两人说话见高低。

35. 一正压三邪，人正辟百邪。

36. 一时强弱在于力，万古胜负在于理。

37. 一理通，百理融。

38. 人怕没理，狗怕夹尾。

39. 人怕理，马怕鞭。

40. 人横有道理，马横有缰绳。

41. 人多出正理，谷多出好米。

42. 不看人亲不亲，要看理顺不顺。

43. 天上无云不下雨，世上无理事不成。

44. 天下的弓都是弯的，世上的理都是真的。

45. 井越掏，水越清；事越摆，理越明。

46. 牛无理拖横耙，人无理说横话。

47. 认理不认人，不怕不了事。

48. 认理不认人，帮理不帮亲。

49. 水不平要流，理不平要说。

50. 水退石头在，好人说不坏。

51. 以势服人口，以理服人心。

52. 让人一寸，得理一尺。

53. 有理说实话，没理说蛮话。

54. 有理的想着说，没理的抢着说。

55. 有理不怕势来压，人正不怕影子歪。

56. 有理不可丢，无理不可争。

57. 有理走遍天下，无理寸步难行。

58. 舌头是肉长的，事实是铁打的。

59. 灯不亮，要人拨；事不明，要人说。

60. 好茶不怕细品，好事不怕细论。

61. 坛口封得住，人口堵不住。

62. 好酒不怕酿，好人不怕讲。

63. 船稳不怕风大，有胆通行天下。

64. 人有志，竹有节。

65. 人有恒心，万事成；人无恒心，万事崩。

66. 人不在大小，马不在高低。

67. 人往高处走，水往低处流。

68. 人往大处看，鸟往高处飞。

69. 人争气，火争焰，佛争一炷香。

70. 人要心强，树要皮硬。

71. 人凭志气，虎凭威势。

72. 人怕没志，树怕没皮。

73. 心起心发，树起根发。

74. 山高有攀头，路远有奔头。

75. 山高流水长，志高精气旺。

76. 小人记仇，君子长志。

77. 不怕路长，只怕志短。

78. 不怕百事不利，就怕灰心丧气。

79. 不怕山高，就怕腿软。

80. 不怕学问浅，就怕志气短。

81. 不担三分险，难练一身胆。

82. 不磨不炼，不成好汉。

83. 木尺虽短，能量千丈。

84. 花无百日红，人无一世穷。

85. 天不生无用之人，地不长无名之草。

86. 无志山压头，有志人搬山。

87. 见强不怕，遇弱不欺。

88. 月缺不改光，箭折不改钢。

89. 水深难见底，虎死不倒威。

90. 牛死不离草，人老心不老。

第二十八辑

2013 年 5 月 23 日

敢于用强过自己的人

美国钢铁大王卡内基说过："你可以把我的工厂、设备、资金全部夺去，只要保留我的组织和人员，几年后，我仍然是钢铁大王。"卡内基死后，人们在他的墓碑上刻了这样一段文字："这里安葬着一个人，他最擅长把那些强过自己的人，组织到为他服务的管理机构之中。"

把握人生

1. 人生三重境界：敢于承认、敢于面对、敢于担当；

2. 人生三乐：知足常乐、自得其乐、助人为乐；

3. 人生三为：和为贵、善为本、诚为先；

4. 人生三幸：衣食无忧、身心无病、亲情无限；

5. 人生三有：真心爱人、知心朋友、真正财富。

心情六戒

1. 发怒是用别人的错误惩罚自己；

2. 烦恼是用自己的过失折磨自己；

3. 后悔是用无奈的往事摧残自己；

4. 忧虑是用虚拟的风险惊吓自己；

5. 孤独是用自制的牢房禁锢自己；

6. 自卑是用别人的长处诋毁自己。

肆

心情五感

1. 大其心，容天下之物；

2. 虚其心，受天下之善；

3. 平其心，论天下之事；

4. 潜其心，观天下之理；

5. 定其心，应天下之变。

伍

忍受是一种享受

帝王以忍受得天下；

将相以忍受得长久；

商贾以忍受得富贵；

常人以忍受得知己。

对长辈忍受则孝；

对朋友忍受则善；

对伴侣忍受则和。

开始忍受是一种痛苦；

后来忍受是一种智慧；

最终忍受是一种享受。

小语有哲

1. 只怕心老，不怕路长。

2. 心灵成熟，必须经过寂寞洗礼和孤独磨炼。

3. 受挫一次，对生活的理解加深一层；失误一次，对人生的醒悟增添一阶；不幸一次，对世间的认识成熟一级；磨难一次，对成功的内涵透彻一遍。所以，要获得成功幸福快乐，就要把失败不幸挫折和痛苦读懂。

4. 有些失误是不可避免的，但大部分的失误都是因为高估了自己。

《中国合伙人》的经典台词

1. 梦想是什么？梦想就是一种让你感到坚持就是幸福的东西。

2. 听一个人说话，不是听他说了什么，而是听他没说什么。

3. 其实我们追求的不是成功，而是自己的尊严。

4. 在失败中寻找胜利，在绝望中寻找希望。

5. 成功者总是不约而同地配合着时代的需要。

6. 千万别跟想法比你多的女人上床，千万别跟最好的兄弟合伙开公司。

妙联

上联：合情合理合势做成大事；

下联：轻名轻利轻权修得长生；

横批：笑对人生。

第二十九辑

2013 年 6 月 9 日

史上经典名联 100 副

1. 青山不墨千秋画；流水无弦万古琴。

2. 身比闲云，月影溪光堪证性；心同流水，松声竹色共忘机。

（王剡题天台万年寺联）

3. 一径飞红雨；千林散绿荫。（龙门联）

4. 山静水流开画景；鸢飞鱼跃悟天机。

5. 五车诗胆；八斗才雄。

6. 大块焕文章，白云在天，沧波无际；春风扇淑气，杂树生花，群莺乱飞。

7. 问青牛何人骑去；有黄鹤自天飞来。

8. 临水开轩，四面云山皆入画；凭栏远眺，万家烟火总关情。（大光亭联）

9. 古今奇观属岩壑；往来名士尽风流。（杨树悬山阴自在亭联）

10. 云影波光天上下；松涛竹韵水中央。（止息亭联）

11. 雨过林霏清石气；秋将山翠入诗心。（止息亭联）

12. 留此湖山，得此佳趣；召以江景，假以文章。（水月观音亭）

13. 掬水月在手；弄花香满衣。（刘墉四照亭联）

14. 风漪不动真乘义；月印常圆了悟因。（半山亭联）

15. 开张天岸马；奇逸人中龙。（陈抟老君台联）

16. 佛法无边，静里常观自在；慈云广济，空中密见如来。（观音亭联）

17. 笔底江山助磅礴；楼前风月自春秋。（张广楠苏东坡读书台联）

18. 铁石梅花气概；山川香草风流。

19. 清风明月自来往；流水高山无古今。（周延俊伯牙亭联）

20. 清风明月本无价；近水遥山皆有情。（梁章矩沧浪亭联）

21. 月光千里白；秋色一天青。（君山亭联）

22. 几点梅花归笛孔；一湾流水入琴心。（枕流亭联）

23. 开轩邀朗月；对弈趁清风。（高杨依山亭联）

24. 偶呼明月问千古；临对青山思故人。（捉月台联）

25. 睡至二三更时，凡功名都成幻境；想到一百年后，无少长俱是古人。（黄粱梦亭联）

26. 天上何曾有山水；人间岂不是神仙。（普深和尚清凉台联）

27. 提笔四顾天地窄；长啸一声山月高。（朱方湖心亭联）

28. 瑞气降寰宇；兰香遍大千。

29. 云水风度；松柏气节。

30. 荡思八荒；游神万古。（石韫玉自题联）

31. 有山皆图画；无水不文章。（三雅园联）

32. 每闻乐事心先惬；或见奇书手自抄。（爱新觉罗·弘历园联）

33. 人无信不立；天有日方明。

34. 水清石出鱼无数；竹密花深鸟自啼。（哈同花园联）

35. 拈花一问，无人会笑；弄石千般，有字可传。

36. 清风有意难留我；明月无心自照人。（王夫之自题诗）

37. 得好友来如对月；有奇书读胜看花。（王文治自题联）

38. 德从宽处积；福向俭中求。（王时敏自题联）

39. 受人以虚，求是以实；能见其长，独为其难。（王莽常

自题联）

40. 好书不厌看还读；益友何妨去复来。（毛怀自题联）

41. 江山澄气象；冰玉净聪明。（方声洞自题联）

42. 好书悟后三更月；良友来时四座春。（邓石如自题联）

43. 风云三尺剑；花鸟一床书。（左光斗自题联）

44. 发上等愿，享下等福；从高处立，向宽处行。（左宗棠自题联）

45. 精神到处文章老；学问深时意气平。

46. 真理学从五伦做起；大文章自六经分来。（申涵光自题联）

47. 庭有余闲，竹露松风蕉雨；家无长物，茶烟琴韵书声。（叶元璋自题联）

48. 立志不随流俗转；留心学到古人难。（叶恭绰自题联）

49. 四面江山来眼底；万家忧乐到心头。（田家英自题联）

50. 尽交天下贤豪长者；常作江山烟月主人。（包世臣自题联）

51. 喜有两眼泪，多交益友；恨无十年暇，尽读奇书。（包世臣自题联）

52. 不除庭草留生意；爱养盆鱼识化机。（永瑆自题联）

53. 阐旧帮以辅新命；极高明而道中庸。（冯友兰自题联）

54. 静坐常思己过；闲谈莫论人非。

55. 天地入胸臆；文章生风雷。（吕留良自题联）

56. 东壁图书，西园翰墨；南华秋水，北苑春山。（刘熙载自题联）

57. 读书滋逸气；阅世益豪情。（祁毓麟自题联）

58. 愿乘风破万里浪；甘面壁读十年书。（孙中山自题联）

59. 一窗佳景王维画；四壁青山杜甫诗。（孙星衍自题联）

60. 无极原有极；欲仁存至仁。（于右任自题联）

61. 清机发妙理；高步迢常伦。（杨法自题联）

62. 苦读千年史；笑吟万家诗。

63. 铁肩担道义；妙手著文章。（李大钊改杨继盛自题联）

64. 竹阴在水；兰气随风。（李育自题联）

65. 樵歌一曲众山皆响；松云满目万壑争流。（李子仙自题联）

66. 学浅自知能事少；礼疏常觉慢人多。（李佐自题联）

67. 交满四海，乐道人善；胸罗万卷，不矜其才。（李经畦自题联）

68. 江山入画；意气凌云。（关佳舜自题联）

69. 好人我自苦中来，莫图便宜；凡事皆缘性里错，且更从容。

（吴大微自题联）

70. 学立道通，自然贞素；圆行方止，聊以从容。（何绍基自题联）

71. 竹宜著雨松宜雪；花可参禅酒可仙。（汪士慎自题联）

72. 若能杯水如茗淡；应信村茶比酒香。（启功自题联）

73. 要求真学问；莫做假文章。（张杰自题联）

74. 白鸟忘机，看天外云舒云卷；青山不老，任庭前花落花开。（张英自题联）

75. 格勤在朝夕；怀抱观古今。

76. 略翻书数则；便不愧三餐。（陈字自题联）

77. 水能性淡为吾友；竹解心虚是我师。（陈元龙自题联）

78. 事能知足心常惬；人到无求品自高。（陈白崖自题联）

79. 不要钱原非易事；太要好也是私心。（林则徐答卷自题联）

80. 书有未曾经我读；事无不可对人言。（邵飘萍自题联）

81. 莫对青山谈世事；休将文字占时名。（郁达夫自题联）

82. 室雅何须大；花香不在多。（郑燮自题联）

83. 有容德乃大；无欺心自安。

84. 养心莫善寡欲；至乐无如读书。（郑成功自题联）

85. 岂能尽如人意；但求无愧我心。（冼星海自题联）

86. 体道鱼游进活泼；消闲墨舞呈天真。（赵金光题联）

87. 诗赋于光风霁月；琴操在流水知音。（赵逢明自题联）

88. 一生勤为本；万代诚作基。

89. 江流横万里；天柱插三峰。（陈斌如联）

90. 笔下留有余地步；胸中养无限天机。（姚铁松自题联）

91. 心术不可得罪于天地；言行要留好样与子孙。（袁崇焕自题联）

92. 独持偏见；一意孤行。（徐悲鸿自题联）

93. 每临大事有静气；不信今时无古贤。（翁同龢自题联）

94. 东壁图书府；西园翰墨林。（高启云自题联）

95. 泼墨为山皆有意；看云出岫本无心。（陶绍原自题联）

96. 看花临水心无事；啸志歌怀意自如。（黄慎自题联）

97. 万象函归方丈室；四围环列自家山。（黄遵宪自题联）

98. 斯文在天地；至乐寄山林。（康有为自题联）

99. 清潭三尺竹如意；宴坐一枝松养和。（梁同书自题联）

100. 清风明月不论价；红树青山合有诗。（梁启超自题联）

第三十辑

2013 年 7 月 4 日

每天应做的七件事

1. 学会微笑：气质会越来越好；

2. 学会适应：处境会越来越顺；

3. 学会理解：知己会越来越多；

4. 学会包容：生活会越来越美；

5. 学会欣赏：人际会越来越广；

6. 学会谦让：肚量会越来越宽；

7. 学会善良：世界会越来越静。

学会修炼

1. 看见别人有错，如果帮不了，不落井下石是一种善良；看见别人伤心，如果安慰不了，不幸灾乐祸是一种善良；看见别人有难，如果帮不了，不趁火打劫是一种善良。

2. 抬头看天是一种方向，低头看路是一种清醒；抬头做事是一种勇气，低头做人是一种底气。

3. 逆境时抬头是一种韧劲，顺境时低头是一种冷静；位卑时抬头是一种骨气，位高时低头是一种谦逊；失意时抬头是一种自信，得理时低头是一种宽容。对抬头与低头的选择是人生智慧的体现。

4. 这世上，没有谁活得比谁容易，只是有人在呼天喊地，有人在静默坚守。

5. 若前行，别怕痛，有些伤是人生的勋章；阅尽沧桑，依然美丽，应该是人生的一种境界。

人生哲理

1. 生命不是一场赛跑，而是一次旅行；

2. 比赛在乎终点，而旅行在乎沿途风景；

3. 好心情才会有好风景，好眼光才会有好发现；

4. 好心态才会有好状态，好思考才会有好主意；

5. 人可以不美丽，但不可以不健康；

6. 人可以不伟大，但不可以没人格；

7. 人可以不完美，但不可以没追求。

"三样"要记住

1. 三样东西一去不复返：时间、青春、生命；

2. 三样东西毁掉一个人：怒气、傲气、小气；

3. 三样东西不放弃：童真、理想、希望；

4. 三样东西最无价：爱情、善良、友谊；

5. 三样东西最无常：成功、财富、职位；

6. 三样东西成就人：天时、地利、人和；

7. 三样东西做事情：目标、方式、方法；

8. 三样东西交朋友：诚信、奉献、无私；

9. 三样东西把握好：机会、人生、婚姻；

10. 三样东西得快乐：知足常乐、助人为乐、自得其乐。

人际 + 关系

1. 一下台就断了的，是工作关系；

2. 死了也断不了的，是亲属关系；

3. 有事才想起你的，是利用关系；

4. 有事没事约吃饭的，是朋友关系；

5. 有快乐让分享的，是患难关系；

6. 肉包子打狗的，是爷孙关系；

7. 朦朦胧胧的，是初恋关系；

8. 担惊受怕的，是情人关系；

9. 粗茶淡饭的，是夫妻关系；

10. 经常给你发信息的，不是一般的关系。

陆

清心迎夏

1. 以爱心看花开；

2. 以静心笑尘缘；

3. 以宽心容世态；

4. 以正心对无奈；

5. 以闲心养心态；

6. 以真心待友人；

7. 以清心迎夏来。

第三十一辑

2013 年 8 月 5 日

人生牢记几个三

1. 三件事不能等：敬老、行善、健身；

2. 三件事不能怕：年龄、孤独、未来；

3. 三件事不能悔：工作、机遇、出身；

4. 三件事不能撑：花钱、喝酒、婚姻；

5. 三件事不能丢：道德、良心、勤奋；

6. 三件事不能做：伤天、害理、损人。

人生四不要

1. 不要把烦恼带到床上，因为那是一个睡觉的地方；

2. 不要把怨恨带到明天，因为那是一个美好的日子；

3. 不要把忧郁传染给别人，因为那是一种不道德的行为；

4. 不要把不良的情绪挂在脸上，因为那是一种令人讨厌的表情。

人生要懂得珍惜身边的人

1. 珍惜主动给你打电话、发信息的人，因为没有谁会吃饱了撑到去和一个不在乎的人啰嗦；

2. 珍惜在你每次难过、伤心时都陪伴你身边的人；

3. 珍惜经常和你开玩笑的人，说明你在这个人的心中肯定有一定的分量；

4. 珍惜整天惦记你的人，如果这个人和你的关系不是很好的话，是不会惦记你的；

5. 珍惜在你心情不好时第一个发现，但总是最后一个发现你心情好的人；

6. 珍惜总是帮助你，只要能做到，绝对在所不惜的人；

7. 珍惜肯为你打抱不平的人，不是谁都肯保护你的；

8. 珍惜你身边的弱智和弱势，因为他们肯定是陪你到最后的人，那些有心计的人，早就抛弃你了。

人生锦言十句

1. 人生很累，现在不累，以后会更累。人生很苦，现在不苦，以后会更苦。唯累过，方得闲。唯苦过，方知甜。

2. 认识一人靠缘分，了解一人靠耐心，战胜一人靠智慧，征服一人靠包容。

3. 如果想要别人信任你，请诚实；如果想要诚实，请真实；如果想要真实，请你做自己。

4. 爱人者，人恒爱之；敬人者，人恒敬之。

5. 好朋友就是：理解你的过去，想念你的未来，包容你的现在。

6. 人生的意义不在于最终获得了什么，而在于曾经努力追求过什么。

7. 真正的坚韧应该是哭的时候要彻底，笑的时候要开怀，说的时候淋漓尽致，做的时候毫不犹豫。

8. 在人生中永远不要弄破信任、关系、诺言和心这四样东西，因为当它们破了是不会发出任何声响的，但却异常地痛苦。

9. 一己是人，众人是天；谋事在人，成事在天。

10. 世界上最奢侈的人是花时间陪你的人，谁的时间都有价值，把时间给了你，就等于把他的世界给了你。

伍

人生如竹

人简如竹，是一种质朴；人清如竹，是一种境界；人正如竹，是一种品质；人淡如竹，是一种超然。人生四季，数十春秋，其实就是对一份平淡生活的热爱和追求，对一种心灵信仰的执着和坚守。以竹的姿态仰望生命、崇尚善良；以竹的品格规范言行，崇尚道德。让月光和心灵在清正和淡然中得以升华。

陆

并非戏说人生

1. 在公园里热烈拥吻的，大多数不是夫妻；在场面上刻意说明关系的，大多数不是朋友；在领导面前经常表功的，大多数不是干将；在多个饭局来回串堂的，大多数不是主角。

2. 把脾气拿出来，叫本能；把脾气压回去，叫本事。

3. 大喜易失言，大怒易失礼，大惊易失态，大哀易失颜，大乐易失察，大惧易失节，大醉易失德，大话易失信。

4. 人生，由我不由天；幸福，由心不由境。

5. 静坐常思己之过，闲谈莫论他人非。

6. 二十岁不狂是没有志气，三十岁还狂是没有头脑。

7. 撑不住的时候可以对自己说我好累，但永远不要在心里说我不行。

8. 其实最好的生活，无非是白天可以有说有笑，晚上还能睡个好觉。

9. 生命中必须有裂缝，阳光才能照进来。

柒

人生在于融合

1. 看上级不顺眼是自己的能力不够；

2. 看老板不顺眼是自己的梦想不够；

3. 看同事不顺眼是自己的胸襟不够；

4. 看朋友不顺眼是自己的眼力不够；

5. 看别人不顺眼是自己的修养不够；

6. 看自己不顺眼是自己的修炼不够。

捌

人生分享

1. 人生1条路：实现梦想。

2. 人生2件宝：身体好，心不老。

3. 人生3种朋友：得意时呵护你；失意时拉扯你；困难时帮助你。

4. 人生4大苦：看不透、舍不得、输不起、放不下。

5. 人生5句话：再冷也要热情；再差也要自信；再多也要节省；再难也要坚持；再好也要淡泊。

6. 人生6财富：身体、知识、自信、骨气、信念、梦想。

第三十二辑

2013 年 8 月 7 日

摘编增广贤文七十条

1. 人情似纸张张薄，

   世事如棋局局新。

2. 贫居闹市无人问，

   富在深山有远亲。

3. 不信但看宴中酒，

   杯杯先敬富贵人。

4. 门前拴上高头马，

   不是亲来也是亲。

5. 门前放根讨饭棍，

   亲戚故友不上门。

6. 世上结交须黄金，

   黄金不多交不深。

7. 纵令然诺暂相许，

   终是悠悠路行心。

8. 有钱有酒多兄弟，

   急难何曾见一人。

9. 胜者为王败者寇，

   只重衣冠不重人。

10. 三贫三富不到老，

    十年兴败多少人。

11. 在官一日人问我，
    离官一日我问人。

12. 古人不见今时月，
    今月曾经照古人。

13. 近水楼台先得月，
    向阳花木易逢春。

14. 谁人背后无人说，
    谁人背后不说人。

15. 百炼化身成铁汉，
    三缄其口学金人。

16. 十分伶俐使七分，
    常留三分给儿孙。

17. 君子乐得做君子，
    小人枉其做小人。

18. 山中自有千年树，
    世上难逢百岁人。

19. 岂无远道思亲泪，
    不及高堂念子心。

20. 堂上二老是活佛，
    何用灵山朝世尊。

21. 秋至满山皆秀色，
    春来无处不花香。

22. 贫无达士将金赠，
    病有高人说药方。

23. 平生不做皱眉事，
    世上应无切齿人。

24. 越奸越狡越贫穷，
    奸狡原来天不容。

25. 富贵若从奸狡起，
    世间呆汉喝西风。

26. 求人须求大丈夫，
    济人须济急时无。

27. 茫茫四海人无数，
    哪个男儿是丈夫。

28. 人情似水分高下，
    世事如云任卷舒。

29. 入山不怕伤人虎，
    只怕人情两面刀。

30. 无求到处人情好，
    不饮随他酒价高。

31. 知事少时烦恼少，
    识人多处是非多。

32. 美人卖笑千金易，

　　壮士穷途一饭难。

33. 少时总觉为人易，

　　华年方知立业难。

34. 用心计较般般错，

　　退迟思量事事难。

35. 世上闲愁千万斛，

　　不叫一点上眉端。

36. 毁身每是作恶日，

　　成名皆在行善时。

37. 莫把真心空计较，

　　唯有大德享万年。

38. 谗言败坏真君子，

　　美色消磨狂少年。

39. 神仙难断阴骘命，
    皇天不昧苦心人。

40. 人恶人怕天不怕，
    人善人欺天不欺。

41. 善恶到头终有报，
    只争来早与来迟。

42. 平身不做亏心事，
    半夜敲门心不惊。

43. 万事劝人休瞒昧，
    举头三尺有神明。

44. 鬼神可敬不可谄，
    冤家宜解不宜结。

45. 人生何处不相逢，
    莫因小怨动声色。

46. 好义固为人所钦，
　　贪利乃为鬼所笑。

47. 贤者不炫己之长，
　　君子不夺人所好。

48. 善业可为须着业，
　　是非闲杂莫劳心。

49. 良田不由心田置，
　　产业变为冤业折。

50. 千年田地八百主，
　　田是主人人是客。

51. 阴地不如心地好，
　　命运在人不在天。

52. 有理问得君王倒，
　　有钱难买子孙贤。

53. 水暖水寒鱼自知，
　　花开花谢春不管。

54. 蜗牛角上较雌雄，
　　石光火中争长短。

55. 留心学到古人难，
　　立脚怕随流俗转。

56. 少而寡欲颜色好，
　　老不求官梦也闲。

57. 妙药难医冤孽病，
　　横财不富不劳人。

58. 多情自古空遗恨，
　　好梦由来最易醒。

59. 知恩报恩天下少，
　　反面无情世间多。

60. 荣宠旁边辱等待，

　　贫贱背后福跟随。

61. 易涨易退山溪水，

　　易反易覆小人心。

62. 龙游浅水遭虾戏，

　　虎落平阳被犬欺。

63. 得食猫儿强似虎，

　　褪毛凤凰不如鸡。

64. 为人莫作千年计，

　　三十河东四十西。

65. 当路莫栽荆棘树，

　　他年免挂子孙衣。

66. 屋漏偏遭连阴雨，

　　船慢又遇顶头风。

67. 记得少年骑竹马，
    看看又是白头翁。

68. 美人绝色原妖物，
    乱世多财是祸根。

69. 天作棋盘星作子，
    水有源头树有根。

70. 昨日花开今日谢，
    百年人有万年心。

第三十三辑

2013 年 8 月 21 日

人生十句透心话

1. 人之所以会心累，就是常常徘徊在坚持和放弃之间，举棋不定。

2. 有时候，虽然能想明白，但心里就是接受不了。

3. 一个人最幸福的时刻就是找对了人，他（她）包容你的不足，并爱着你的一切。

4. 心结如果真的打不开，你给它系成个花样，其实生活就是这样。

5. 谁走进你的生命，是由命运决定的；谁停留在你的生命中，却是由你自己决定的。

6. 不解释的，才叫从容；不执着的，才叫看破；不完美的，才叫人生。

7. 有一天你会明白，善良比聪明更难，聪明是一种天赋，而善良是一种选择。

8. 让你难过的事情，有一天你一定会笑着说出来。

9. 我羡慕的不是风华正茂的情侣，而是搀扶到老的夫妇。

10. 不埋怨谁，不嘲弄谁，不嫉妒谁，阳光下灿烂，风雨中奔跑，做自己的梦，走自己的路。

人生要有六个方面的素质

1. 有胆量去容忍那些不能改变的事。

2. 有毅力去改变那些可以改变的事。

3. 有能力去发现那些可有可无的事。

4. 有智慧去分辨那些是是非非的事。

5. 有恒心去完成那些看似无望的事。

6. 有勇气去面对那些已经做错的事。

趣说人脉

1. 人脉不是你认识多少人，而是有多少人认识你、认可你。

2. 人脉不是你和多少人打过交道，而是有多少人愿意和你打交道。

3. 人脉不是你利用了多少人，而是你帮助了多少人。

4. 人脉不是有多少人在面前吹捧你，而是有多少人在背后称赞你。

5. 人脉不是在你辉煌时有多少人奉承你，而是在你落魄时有多少人帮助你。

人生选择

1. 我选择善良，不是我软弱，因为我明白，善良是本性，做人不能阴险，阴险必遭报应。

2. 我选择忍让，不是我退缩，因为我明白，忍一忍风平浪静，让一让海阔天空。

3. 我选择宽容，不是我怯懦，因为我明白，宽容是美德，美德没有错。

4. 我选择糊涂，不是我真的糊涂，因为我明白，面对误解只有大度应对，难得糊涂，笑看世界。

5. 我选择饶恕，不是我没原则，因为我明白，得饶人时且饶人，不能把事情做绝了。

6. 我选择真诚，不是我太直，因为我明白，违心奉承是应付，忠言逆耳是负责。

7. 我选择情义，不是我太执着，因为我明白，和朋友相处时光是美好的，我割舍不了那份难得的缘分和情义。

伍

人生十大因果关系

1. 不是因为有了希望才坚持，而是因为坚持了才有希望。

2. 不是因为机会才争取，而是因为争取了才有机会。

3. 不是因为会了才去做，而是做了才能会。

4. 不是因为成长了才去承担，而是因为承担了才会成长。

5. 不是因为拥有了才付出，而是因为付出了才拥有。

6. 不是因为突破了才挑战，而是因为挑战了才突破。

7. 不是因为成功了才成长，而是因为成长了才成功。

8. 不是因为有了收获才去感恩，而是因为感恩才有收获。

9. 不是因为有了钱才去学习，而是因为学习了才有钱。

10. 不是有了条件才能成功，而是你想成功才创造条件。

养生"七八"诀

1. 七八杯水不要少；

2. 七八分饱要记牢；

3. 七八果蔬不单调；

4. 七八里路要走好；

5. 七八小时睡好觉；

6. 七八挚友多聊聊。

第三十四辑

2013 年 9 月 3 日

人生借鉴十条

1. 人生就像骑自行车，弯腰但要眼看前方，保持沉默但要拼命骑踏！

2. 物色选准并培养好忠诚而能干的部下，他愈成功你愈辉煌！

3. 办好朋友的事，它将产生的是几何倍数效应！

4. 当红的时候享受成功，不红的时候享受生活！

5. 机会总是留给有准备的人，运气只是留给没有准备的人！

6. 少说话会更威严，不揽权会更有权，勤交心会更同心！

7. 有一种人永远不会走错路，那就是原地踏步的人。

8. 不敢生气的是懦夫，不去生气的才是智者！

9. 人的不幸在于他们不想走自己的那条路，总想走别人的路！

10. 最大的痛苦不在于敌人造谣，而在于朋友知道真情却不说真话！

人生记住此言

登天难，求人更难；黄连苦，贫穷更苦；春冰薄，人情更薄；江湖险，人心更险。知其难，甘其苦，耐其薄，测其险，可以处世矣，可以应变矣。吃苦乃常，吃亏是福，少执着，多慈悲，明因果，清风白云，人生自在。

叁

人生哲理语录

1. 人，其实不需要太多的东西，只要健康地活着，真诚地爱着，也不失为一种富有。

2. 想不开，就不想；得不到，就不要。难为自己，何必呢？

3. 对生命而言，接纳才是最好的温柔，不论是接纳一个人的出现，还是接纳一个人的从此不见。

4. 人生没有绝对公平，但是相对还是公平的，放在一个天平上，你得到的越多，也就必须比别人承受得更多。

5. 你永远不知道自己有多坚强，直到有一天你除了坚强再无选择。

6. 是你的就是你的，我们努力了，珍惜了，问心无愧，其他的交给命运。

7. 知世故而不世故，才是最善良的成熟。

8. 生命中有很多事情足以把你打倒，但真正打倒你的是你的心态。

9. 有三样东西有助于缓解生命中的辛劳：希望、睡眠和微笑。

肆

人生十颗心

1. 一颗随缘的心，你会更洒脱；

2. 一颗平常的心，你会更从容；

3. 一颗慈悲的心，你会更积善；

4. 一颗感恩的心，你会更幸福；

5. 一颗因果的心，你会更明理；

6. 一颗不贪的心，你会更快乐；

7. 一颗忍让的心，你会更宽广；

8. 一颗超脱的心，你会更淡然；

9. 一颗修行的心，你会更纯粹；

10. 一颗祝福的心，你会更开心。

伍

人生九不可

1. 有一种东西不可欺骗，那就是感情；

2. 有一种东西不可愚弄，那就是真诚；

3. 有一种东西不可缺少，那就是友情；

4. 有一种东西不可言传，那就是思念；

5. 有一种东西不可原谅，那就是背叛；

6. 有一种东西不可拯救，那就是绝望；

7. 有一种东西不可贪恋，那就是名利；

8. 有一种东西不可错过，那就是机会；

9. 有一种东西不可离开，那就是健康。

人生最高境界

1. 道学的最高境界是无为；

2. 佛学的最高境界是无妄；

3. 哲学的最高境界是无垠；

4. 厚黑的最高境界是无耻；

5. 弄权的最高境界是无形；

6. 音律的最高境界是无词；

7. 创业的最高境界是无畏；

8. 经商的最高境界是无欺；

9. 生存的最高境界是无欲；

10. 处世的最高境界是无名；

11. 幸福的最高境界是无求；

12. 成长的最高境界是无限；

13. 学习的最高境界是无界；

14. 成功的最高境界是无谓。

第三十五辑

2013 年 9 月 13 日

重提八个三

1. 三不斗：不与君子斗名；不与小人斗利；不与天地斗巧。

2. 三不争：不与上级争锋；不与同级争宠；不与下级争功。

3. 三修炼：看得透、想得开；拿得起、放得下；立得正、行得直。

4. 三福：平安是福；健康是福；吃亏是福。

5. 三为：和为质；善为本；孝为先。

6. 三件事不硬撑：花钱；喝酒；做爱。

7. 三件事不能等：孝老；行善；健身。

8. 学说三句话：算了；不要紧；对不起。

修炼记住三句话

1. 缓以免悔；退以远祸；舍以养福；静以益寿。

2. 物忌全得；事忌全美；月忌全满；人忌全盛。

3. 以淡交友；以痴止谤；以刻责己；以弱峙强。

六不可交

1. 对父母不孝者不可交；

2. 为人刻薄者不可交；

3. 斤斤计较者不可交；

4. 善于阿谀奉承者不可交；

5. 对权贵无原则者不可交；

6. 没有同情心者不可交。

人生十句温馨话

1. 一切都会过去的；

2. 别总是跟自己过不去；

3. 用心做自己该做的事；

4. 不要过于计较别人的评价；

5. 每个人都有自己的活法；

6. 喜欢自己才会拥抱生活；

7. 不必一味去讨好别人；

8. 木已成舟便要顺其自然；

9. 不妨丢开烦心事；

10. 自己感觉幸福就是幸福。

做人的尺度

1. 挤不进的圈子不要硬挤，难为了别人，作贱了自己；

2. 跨不过的门坎不要硬跨，跨过了是门，跨不过是坎；

3. 做不来的事情不要硬做，换种思路，也许会事半功倍；

4. 拿不来的东西不要硬拿，即使暂时得到了，也会失去；

5. 人生的道路上，常常会站在岔道口徘徊，只要走错一步，就可能影响一生；

6. 在没人知道你付出的时候，你不要表白；

7. 在没人懂你价值的时候，你不要炫耀；

8. 在没人欣赏你的时候，你不要气馁；

9. 在没人理解你的志趣的时候，你不要困惑；

10. 被人理解是幸福，不被人理解也未必不幸福，做人低调一点你会一次比一次稳健，做事高调一点你会一次比一次优秀。

当今八怕八不怕

1. 下属能干不可怕，就怕吃里往外扒；

2. 邻居致富不可怕，就怕孩子比爸爸；

3. 同事提拔不可怕，就怕他把脸变了；

4. 小人造谣不可怕，就怕领导轻信他；

5. 老婆漂亮不可怕,就怕墙头露杏花;

6. 孩子顽皮不可怕,就怕日夜泡网吧;

7. 爷们喝酒不可怕,就怕喝的酒是假;

8. 抽点名烟不可怕,就怕网上贴几下。

校园语丝

语文老师一回头,鲁迅甘为孺子牛;

数学老师一回头,六元六次也能求;

英语老师一回头,满口洋文跑全球;

物理老师一回头,一根杠杆撬地球;

化学老师一回头,二氧化碳变汽油;

体育老师一回头,黛玉也能踢足球;

美术老师一回头,蒙娜丽莎也风流。

第三十六辑

2013 年 10 月 8 日

做人要做大气人

1. 大器之人未必大气，大气之人定然大器，欲成大器，先要大气。

2. 大气之人，宠辱不惊，去留无意，静得优雅，动得从容。

3. 大气之人，行得洒脱，立得刚直。

4. 大气之人，语气不乍不惧，性格不骄不躁，气势不张不扬，举止不猥不琐。

5. 大气之人，不为钱财纠结，不为名利争斗。如一朵花，因淡雅而悠长，如一棵树，因茂盛而常青。

6. 大气之人，每临大事有静气，怀纳五湖四海，胸有雄兵百万。

7. 大气之人，月夜过溪，脚踩满天星斗，泰山崩于前而面不改色。

8. 大气之人，觉人之诈，不愤于言；受人之侮，不动于色；察人之过，不扬于外；施人之惠，不囿于心。

9. 大气是一种忍让，一种淡泊，一种修养，一种境界。

10. 大气是一种学识，一种力量，一种宽容，一种胸怀。

在生活中你能做得到吗

1. 停车。瑞典沃尔沃总部有 2000 多个停车位，早到的人总是把车停在远离办公楼的地方，天天如此。问："你们的泊位是固定的吗？"他们回答："我们到得比较早的，有时间多走点路，晚到的同事或许会迟到，需要把车停在离办公楼近的地方。"启示：多为别人着想，你的路才会走得更远。

2. 借伞。孔子有天外出，天要下雨，可是他没雨伞，有人建议说：子夏有，借子夏的。孔子一听，说：不可。子夏这个人比较吝啬，我借的话，他不给我，别人会觉得他不尊重师长，借给我吧，他肯定心痛。孔子再说，跟人交往要知道别人的短处和长处，不要用别人的短处来相处，否则友谊不长久。

3. 取经。一头马、一头驴听说唐僧要去西天取经。驴觉得此行困难重重，放弃，不愿去；而马却立刻追随而去，经过九九八十一难取回真经。驴问：兄弟，是不是很辛苦啊？马说：其实在我去西天这段时间里，你走的路一点不比我少，而且还被蒙着眼睛，被人抽打，你比我更累。

愿幸福随人生

1. 让烦恼随风去，十分快乐；

2. 让晦气顺水流，十分幸运；

3. 让失败如烟散，十分成功；

4. 让疾病永不侵，十分健康；

5. 让祝福随时到，十分高兴。

人生的快乐有三级

人生的快乐有三级：初级的快乐是肉体的快乐，那便是饱、暖、物、欲；中级的快乐是精神的快乐，那便是诗词歌赋、琴棋书画、游走天下；高级的快乐是灵魂的快乐，那便是付出、奉献，让他人因你的存在而快乐。平庸的人只有一条命，叫性命；优秀的人有两条命，即性命和生命；卓越的人有三条命，即性命、生命、使命。这三种命分别代表着生存、生活、责任。

为什么做善事身体好

1. 人有了慈悲之心，就会变得宽容，气就不会郁滞。气不郁滞，血就畅通。所以，心宽一寸，病退一丈。宽恕是一味良药，你在宽恕别人的同时，也就敞开了自己的心灵，此时，愤怒、怨恨和恐惧就会悄悄溜走。你的内心没有郁滞，气血也就通畅了。

2. 人有了慈悲之心，就会变得善良。人一善良，心就宁静。宁静之心能让我们的身体远离喜、怒、忧、思、悲、恐、惊。善心犹如春雨，默默地滋润身体，它能让气变得柔顺，让血变得通畅。

3. 人有了慈悲之心，内心就会充满爱，爱就像春风，能吹散心情的乌云。

4. 人有了慈悲之心，也就懂得了感恩。人生如债，我们的生命是借来的，迟早要还回去。感恩是人的本性。我们感谢天，感谢地，感谢父母，感谢朋友，感谢一切应该感谢的人。人一旦懂得了感恩，心就会平和下来，身体也就会健康起来。

人生如秋

1. 什么季节最忙？秋天，多事之秋；

2. 什么季节最公平？秋天，平分秋色；

3. 什么季节最简单？秋天，一叶知深秋；

4. 什么季节最长？秋天，一日不见，如隔三秋；

5. 什么季节最爽？秋天，秋高气爽；

6. 什么季节最暧昧？秋天，暗送秋波；

7. 什么季节最成功？秋天，春华秋实。

柒

金秋哲语

1. 人可自然衰老，不可自然成熟。

2. 痛苦无非两种：一是求之不得；二是得之不舍。

3. 别无选择作出的决策往往是最正确的。

4. 人的不幸在于自己有路不走，却总想走别人的路。

5. 人往高处走，是人生追求；人往低处走，是追求人生。

6. 人活得累，一半源于命运安排，一半源于安排命运。

第三十七辑

2013 年 10 月 16 日

人是天地之过客

1. 因为在乎，所以痛苦；因为怀疑，所以伤害；因为看轻，所以快乐；因为看淡，所以幸福。

2. 我们都是天地的过客，很多人和事都做不了主。譬如离去的时间，譬如走散的人……

3. "心"字三个点，没有一个点不在往外蹦，你越想抓牢，往往是离开你最快的。一切随缘，缘深多聚聚，缘浅随它去。

4. 人都怕自己不清醒，希望自己心明如镜，其实人生何必太清醒，一半清醒一半醉，潇洒走人生。

5. 煮粥要放三分米七分水，处事要三分为己七分为人，对朋友要三分认真七分宽容，看文章三分在看七分在品，喝酒也要三分醉七分醒，三分……七分，是人生的掂量。

6. 沏的是茶，尝的却是生活；斟的是酒，品的却是艰辛。人生就是一张有去无回的单程票。

我喜欢这段话

山有山的高度，水有水的深度，没有必要攀比，每个人都有自己的长处；风有风的自由，云有云的温柔，没有必要模仿，每个人都有自己的个性。你认为快乐的，就去寻找；你认为值得的，就去守候；你认为幸福的，就去珍惜。没有不被评说的事，没有不被猜测的人。做最真实最漂亮的自己，依心而行，无憾今生。

心态养护远离七个词

1. 仇恨：用扭曲的心灵伤害自己；

2. 自卑：用别人的优点惩罚自己；

3. 忧虑：用未知的境况吓唬自己；

4. 发怒：用他人的过错损害自己；

5. 烦恼：用无用的担心折磨自己；

6. 孤独：用自制的牢房辖制自己；

7. 后悔：用过去的往事摧毁自己。

朋友是另外一个自己

1. 和阳光的人在一起，心里就不晦暗；

2. 和快乐的人在一起，嘴角就常常微笑；

3. 和进取的人在一起，行动就不落后；

4. 和大方的人在一起，处事就不小气；

5. 和睿智的人在一起，遇事就不迷茫；

6. 和聪明的人在一起，做事就机敏。

借人之智，完善自己。学最好的别人，做最好的自己。

伍

金秋养生歌

金秋季节半天凉，

早晚添衣午减裳；

秋干气燥伤腑脏，

番茄萝卜来调养；

蒜姜杀菌驱寒邪，

三顿莫少一碗汤；

心高气傲不可取，

宽以待人心舒畅；

户外锻炼不宜早，

持之以恒体安康；

劳逸结合自调节，

睡眠充足免疫强；

短信问候不要忘，

愿您今秋更健康!

扑克斗地主悟出的道理

1. 小王一出，基本上都会被大王拍死，说明老大在，老二最好不要发话。

2. 没有一张大牌开路，再顺的小牌都出不去，说明领导很重要。

3. 无论你怎样会打牌，都抵不过人家手中的一把好牌，说明实力很重要。

4. 如果一堆小牌连不起来，即使拿个双王也未必会赢，说明再牛的领导也需要一个好的团队。

5. 为了斗败地主，一会儿成朋友，一会儿成敌家，说明没有永远的朋友，也没有永远的敌人。

6. 必要时即使拆散自己的牌也要送走搭档，说明关键时要懂得自我牺牲。

第三十八辑

2013 年 10 月 22 日

人生醒悟

1. 钱能买到的东西，最后都不值钱；

2. 肯低头的人，永远撞不到矮门；

3. 出路出路，就是走出去才会有路；

4. 幸福是用来感觉的，而不是用来比较的；

5. 创造机会的是能人，等待机会的是常人，放弃机会的是蠢人；

6. 我们都是远视眼，往往模糊了离我们最近的幸福；

7. 当感觉天快塌下来的时候，实际上是自己站歪了；

8. 总有人会迷失方向，否则真理的路上将人满为患；

9. 有棱有角的害处是，别人啃起你来十分方便；

10. 超过别人一点点，别人就会嫉妒你，超过别人一大截，别人就会羡慕你；

11. 让人听易，叫人服难；

12. 做好第一次并不难，难的是做好每一次；

13. 好心态才有好状态；

14. 无过是一种假想，思过是一种成熟，改过是一种美德；

15. 真正的领导不在于统帅了多少君子，而在于驾驭了多少小人；

16. 在许多时候人们尊重的不是人，而是人的背景；

17. 把弯路走直的人找到了捷径，把直路走弯的人看到了风景；

18. 让别人快乐是慈悲，让自己快乐是智慧；

19. 今天不养生明天养医生，今天不保健明天保医院；

20. 没有人为你的失败负责，只有人为你的成功喝彩；

21. 人生只有走出去的美丽，没有等出来的辉煌；

22. 成功的信念在人脑中的作用就如闹钟，会在你需要时将你唤醒；

23. 凡事要三思，但比三思更重要的是三思而行；

24. 如果不改变结果，那就完善过程；

25. 如果你没有能力改变命运，那就想办法改变自己。

人生如行路

人生如行路，一路艰辛，一路风景。你的目光所及，就是你的人生境界。总是看到比自己优秀的人，说明你正在走上坡路；总是看到和自己差不多的人，说明你差不多在混日子；总是看到不如自己的人，说明你正在走下坡路。与其埋怨世界，不如改变自己。管好自己的心，做好自己的事，比什么都强。

慢慢才知道

1. 慢慢才知道：感情里总会有分分合合；生命里总会有来来

去去。许多时候，风雨不是天象，而是锤炼；沧桑不是无奈，而是襟怀。

2. 慢慢才知道：人这一辈子要经得起谎言，受得起敷衍，忍得住欺骗，忘得了诺言。爱过了，才会尝到快乐和伤心的滋味；恨过了，才会知道珍惜和宽容。

3. 慢慢才知道：没有风的日子，云是雨的守望；没有梦的日子，等待会荒废时光。这个世界上谁也不是谁的永远，唱一曲风花雪月，吟一首沧桑岁月。

4. 慢慢才知道：聚散离合，痛苦欢笑，呐喊寻找……因为没有人知道那个最终的谜底。所以，我们唯一的选择是：向前，笑看风，笑对雨。

5. 慢慢才知道：爱情是一次命中注定的相逢，或驻足、拥抱；或擦肩、回眸……不管怎样都要珍惜。

6. 慢慢才知道：人生总有许多沟坎要跨越；岁月总有许多遗憾要弥补；生命总有许多迷茫要领悟。很多时候，需要的不仅仅是执着，更需要的是回眸一笑的洒脱。

肆

成为大树的条件

1. 时间。没有一棵大树是树苗种下去，马上就变成大树的，一定是岁月刻画着年轮，一圈圈往外长。启示：要想成功，一定要给自己时间，时间就是体验的积累和延伸。

2. 不动。没有一棵大树，第一年种在这里，第二年种在那里，成为一棵大树的，一定经风霜、历雨雪，屹立不动。启示：要想成功，一定要任你风吹雨打，我自岿然不动，坚守信念，专注内功，终成正果。

3. 根基。树有千百万条根，粗根、细根、微根，深入地底，吸收营养，成长自己。绝没有一棵大树是没有根的。启示：要想成功，一定要不断学习，不断充实自己。

4. 向上。大树一定是向上高长，而不是向旁边长。启示：要想成功，一定要积极向上，争取更大空间。

5. 向阳。大树的目标就是积极寻找阳光。阳光，就是大树的希望所在，大树绝不会长向坑洞，长向黑暗。启示：要想成功，一定要光明正大。

伍

民族传统八验方

1. 包容他人的短处，不包容自己的短处，必成功。

2. 欣赏他人的长处，不欣赏自己的长处，必进步。

3. 记住他人之恩，忘记他人之过，必善后。

4. 心境阳光，心气平和，必长寿。

5. 扬人之长，抑人之短，必健康。

6. 心地平静，心态平衡，必幸福。

7. 视人同己，视物同体，必心慈。

8. 清净无染，一心向善，必高兴。

第三十九辑

2013 年 11 月 19 日

我的选择

1. 我选择善良，不是我软弱，因为我明白，善良是本性，做人不能恶，恶必遭报应。

2. 我选择忍让，不是我退缩，因为我明白，忍一忍风平浪静，让一让海阔天空。

3. 我选择宽容，不是我怯懦，因为我明白，宽容是美德，美德没有错。

4. 我选择糊涂，不是我真的糊涂，面对误解只是不计较，从而大度应对，难得糊涂，笑看世界。

5. 我选择宽恕，不是我没原则，因为我明白，得饶人时且饶人，不能把事情做绝。

6. 我选择真诚，因为我明白，违心奉承是应付，忠言逆耳是负责。

7. 我选择忠义，不是我太执着，因为我明白，割舍不下难得的缘分，背叛没有好结果。

8. 我选择厚道，不是我笨拙，因为我明白，厚德载物，助人才能快乐，赠人玫瑰，手有余香。

怎样做人

1. 有一种东西不可利用，那就是善良；

2. 有一种东西不可欺骗，那就是感情；

3. 有一种东西不可愚弄，那就是真诚；

4. 有一种东西不可缺少，那就是友情；

5. 有一种东西不可言传，那就是思念；

6. 有一种东西不可原谅，那就是背叛；

7. 有一种东西不可挽救，那就是绝望；

8. 有一种东西不可忘怀，那就是感恩；

9. 有一种东西不可贪恋，那就是名利。

幸福配方

1. 积淀厚实的知识；

2. 亲密可靠的朋友；

3. 稳定牢固的爱情，

4. 适合能力的岗位；

5. 基本足够的收入；

6. 不烦不躁的情绪；

7. 积极向上的体验；

8. 常怀感恩的良知；

9. 善解人意的胸襟；

10. 高瞻远瞩的境界。

肆

怎样交友

1. 以金相交，金耗则忘；

2. 以利相交，利尽则散；

3. 以势相交，势去则倾；

4. 以权相交，权失则弃；

5. 以情相交，情逝则伤；

6. 以心相交，宁静致远。

伍

记住这段话

路，不通时，选择拐弯；

心，不快时，选择看淡；

情，渐远时，选择随意。

有些事，挺一挺就过去了。有些人，狠一狠就忘记了。有些苦，笑一笑就冰释了。有颗心，伤一伤就坚强了。只要你做到了，不管别人说什么，你都是最棒的。不管你信不信，这世界上最富有的人，是跌倒最多的人。这世界上最勇敢的人，是每次跌倒都能站起来的人。这世界上最成功的人，是那些每次跌倒了，不单单站起来，还能坚持走下去的人。

几个等式

1. 我不问加你不说等于距离；

2. 我问了加你不说等于隔阂；

3. 我问了加你说了等于信任；

4. 你不说加我不问等于默契；

5. 我不问加你说了等于依赖。

迟早会明白

1. 不要觉得个人很重要，没有了谁太阳明天照样会升起来，这是墨非说的，真实不虚。

2. 感情不是对等的，你自己很在意对方，不必要求对方一定在意你。

3. 真理掌握在少数人手里是没错的，但是不要忽略存在就是合理的理论，除非你有很大的决心改变世界，否则就要学会适应生活。

4. 不要相信唯心，那是阶级统治的工具，唯物是硬道理。这个和宗教信仰无关，求人不如求自己。

5. 这个世界是绝对的不公平，要么顺从，要么把天平倾向自己，否则就别怨天尤人，那没用。

6. 失败了就要承认，做错了就要认错，不要讲理由，那样让人觉得可恶。

7. 不要天真地相信世外桃源的存在，把自己的事情做好了不给人添乱，就是回报社会了。

8. 年轻时相信自己是唯一的，自己可以改变世界是正常的，是可爱的，其实能把自己照顾好、把家庭照顾好，才有资格谈别的。

9. 不要经常沉浸在悔过当中，更不要把所有的错误都归结到自己身上，如果谁已经这样做了，去医院检查一下看是不是抑郁症，否则活得太累。

10. 每个人的价值观都不一样，不要拿你自己的价值观去评判别人，否则就是不尊重他人。

11. 人活着有很多无奈，有许多解决不了的问题，要学会认可并忽略。就这么简单点事儿。

12. 人生无常，不要错过，别听信错过的才是美好的鬼话，那是安慰自己，自己骗自己最不好玩。

13. 不要觉得自己很聪明或者很傻，那不重要，世界上没有绝对的聪明人和傻子。

14. 钱是好东西，但不要为钱活着，那样人生没有意义了。

第四十辑

2013 年 12 月 9 日

2013 年很潮很真的话

1. 钱，让多少不相爱的人睡在一起。

2. 寒假作业，就是：你写一个月，老师写一个阅。

3. 如果有下辈子，我一定要做你的心脏，因为我不跳，你就得死。

4. 甜的、香的、辣的、苦的、酸的……你却偏偏喜欢疯的。

5. 叫你滚你就滚啊，不知道过来抱紧一点就没事了吗？

6. 腾不出时间来睡觉的人，迟早会腾出时间来生病；腾不出时间来恋爱的，迟早会腾出时间来相亲。

7. 吵架最激烈不过一分钟，而那一分钟你说出的话，是你用一百分钟都弥补不回来的。

8. 友谊，多么暖心的两个字，却有那么多的真真假假，防或不防……

9. 我这个人很简单，只要你把我当回事，你的事就是我的事。

10. 不要说我变了，直接说你厌倦了。

11. 我也希望在我难过时，有个人在身后，哪怕一言不发。

12. 总有几个蠢货，是我不能抛弃的朋友。

13. 小时候我经常纠结：长大后是上清华好，上北大好，还是上复旦好呢？长大后，我才发现我真的想多了。

14. 是你演技不好，还是我揭穿得太早？

15. 两个人吵架，先说对不起的人并不是认输了，并不是原谅了，他只是比对方更珍惜这份感情。

16. 不要羡慕别人比你过得好，他们假装的。

17. 现在的孩子洗头发不是为了干净，而是为了发型。

18. 现在才明白，"算了"这两个字包含着很多失望。

给自己安慰的 10 句话

1. 最重要的是今天的心情；

2. 别总是自己跟自己过不去；

3. 用心做自己该做的事；

4. 不要过于计较别人的评价；

5. 每个人都有自己的活法；

6. 喜欢自己才会拥抱生活；

7. 不必一味讨好别人；

8. 木已成舟便要顺其自然；

9. 不妨暂时丢开烦心事；

10. 自己感觉幸福就是幸福。

什么是天堂

你若渴了，水是天堂；你若累了，床是天堂；你若失败了，成功是天堂；你若痛苦，快乐是天堂；你若被困，远处是天堂。总之，没有其中一样，断然不会有另一样的。天堂是地狱的终极，地狱是天堂的走廊。失败者走过了九十九，成功者是坚持走过了最后的"一"。

思虑六则

1. 家道与世道如逆水行舟，不进则退，故人生不可一时不努力。

2. 不静中能静，百忙中不忙，为处世之要。

3. 可不计人之坏、不言人之坏，但不可不防人之坏。

4. 有权者必须是该做什么就做什么，不可想做什么就做什么。

5. 摆脱生死，始能真自由；能到无为，始是真学问。

6. 看清楚对面，方能与对面处；了解了周围，方能在中间站。

伍

人生高度

1. 忙闲之间，既忙里偷闲，又从容务实，是高人。

2. 得失之际，既得所不当得，又舍所当舍，是明白人。

3. 是非之间，既不带感情肯定，又不怀私念否定，是实在人。

4. 成败之间，既赢得起，又输得起，是大度人。

5. 举手投足之间，像穷人施舍，像富人生活，是平常人。

陆

修身小常识

1. 三十而立：立身、立业、立家；

2. 四十而不惑：明白了社会、自己、责任；

3. 五十而知天命：命运轨迹、人生定位、未尽责任；

4. 六十而耳顺：看透人生、生命、名利。

5. 七十而随心所欲：顺其自然、随心所欲、随遇而安。

柒

自在歌

1. 燕山窝，向阳坡，野老筑巢在百合。无车简出少生事，陋室常守安且乐。生灭是相，来去是客，愁什么？

2. 白天坐，晚间卧，每餐能食两碗多。世态炎凉经历过，得失是非已看破。对的是他，错的是我，争什么？

3. 紧铺纸，慢研墨，兴来五彩凌空泼。纵横张弛开乾坤，参差枯润立山河。玉皇非他，盘古是我，忌什么？

4. 邻里睦，乡党和，人肯吃亏善缘多。李翁郑婆常赠果，张兄王嫂每送禾。有茶且喝，有话直说，虑什么？

后　记

　　这本小册子能够顺利出版，我要衷心感谢中国出版集团世界图书出版公司朋友们的慧眼赏识；我要衷心感谢罗毅君、全晓绯、钟正新、陈爱纯、彭佳玲、骆亚芳这些朋友的鼎力支持；我要衷心感谢谷安彪、高俊才、戴军勇、朱来友、白超海、方贤明、金义华、何广辉、胡子达、唐智勇、王子俊等朋友的广源短信；我要衷心感谢我心和谐、书虫518、山东冰雪、蓝色心雨、剪梅添香、紫荑、安宁、白水等网友的热情鼓励。生活没有穷尽，辩证无处不存，感谢必将永远。

王孝忠

2014 年 6 月 19 日